PTAという国家装置

岩竹美加子

青弓社

PTAという国家装置　目次

装丁――犬塚勝一

はじめに

本書のテーマは、公立小学校PTAである。論の発端となったのは、個人的な経験である。二〇〇一年四月から〇三年三月までの二年間、東京都杉並区立A小学校に息子が通っていた。息子を通してPTAと関わったことで、私のなかに様々な疑問が生まれ、それが大きく膨らんでいった。息子は放課後、仕事を持つ親が迎えにくるまでの時間を過ごす学童クラブに通っていた。小学校入学前は保育園に通っていて、学童クラブにも保育園にも父母会があったが、小学校で経験したPTAの特異さは際立っていた。〇三年四月以降は外国居住で、PTAとは学校を通じた関わりは持っていない。しかし、息子の小学校での経験をきっかけにPTAという組織の研究を始め、〇六年に「国家の装置としてのPTA」という論文を発表した。本書はそれに加筆したものである。

＊

PTAは巨大な組織である。「全国的にみても最大の社会教育関係団体[1]」であり、「わが国で最大の地域組織[2]」でもある。つまり、社会教育組織としても地域組織としても、日本最大の規模を持つ。しかし、その大きさに比べて外側からは見えにくい組織でもある。PTAという名前を知っている人は多いだろうが、「何をする組織なのか？」と聞かれて答えられる人は多くないだろう。また、多くのPTA会員はその組織の全貌を知らず、自分が全国的組織の末端に位置していることは認識していない。つまり、日本最大の組織とされる半面、それが外側からも内側からも見えにくいという矛盾した構造を持つ。

PTAは私立・公立・国立別に組織化されていて、幼稚園から高校まで、また盲学校、ろう学校、養護学校にもPTAは置かれている。幼稚園は、一九四七年に学校教育法によって学校教育体系の一環に位置づけられた学校であり、文部科学省が管轄している。一方、保育園は厚生労働省の管轄であり、児童福祉法に基づく児童福祉施設である。保育園の保護者組織は、PTAとは呼ばれず父母会などの名称を持つ。また、働く親を持つ小学生が、夕方までの時間を過ごす学童クラブも厚生労働省の管轄下にある。現在の正式名称は放課後児童クラブだが、学童クラブは、九八年に児童福祉法と社会福祉事業法のもとに位置づけられた。そこに設置されている保護者組織は、父母会などと呼ばれるが、PTAではない。

つまり、PTAは学校教育法第一章第一条で「学校とは、小学校、中学校、高等学校、中等教育学校、大学、高等専門学校、盲学校、聾学校養護学校及び幼稚園とする」と規定される学校のうち、大学と高等専門学校を除いた機関に付随する組織と考えることができるだろう。PTAはその設立の根拠となる法律を持たない任意組織だとされるが、関連する法律としては社会教育法、地方教育行政の組織及び運営に関する法律などがある。

『PTAハンドブック』は、PTAを「自主的な任意団体(3)」「子どもの幸せの実現をめざして、保護者と教師が互いに学び合うと共に協力して実際に活動する社会教育関係団体(4)」と規定している。

ＰＴＡは、学校ごとに組織され、世帯を単位とした組織である。ＰＴＡとは Parent-Teacher Association の略であり、そこには先生も含まれているが、実際の活動に際しては先生の影は薄い。また、活動に参加するのはほぼ母親である。

ＰＴＡは社会教育、学校教育、地域社会学、女性史、ジェンダーなどの領域と関連するが、それらの領域でも周縁的な位置づけしかされていない。ＰＴＡを考える視点として、次の四点を挙げたい。

歴史的背景

ＰＴＡの歴史については、二つの系譜が挙げられる。一つは、敗戦後の一九四六年三月、連合国軍総司令部（ＧＨＱ）の民間情報教育局（ＣＩＥ）の指導の下、教育の民主化のために導入された歴史である。

もう一つの系譜として、後援会や保護者会、父兄会、母の会など、戦前の学校にあった保護者組織が挙げられる。それらは学校への財政的後援をおこなっていたとされ、それらの組織とＰＴＡとの連続性は、日本ＰＴＡ全国協議会が次のように認めている。「我が国における各学校単位のＰＴＡの組織化が可能だったのは、戦前から多くの学校に後援会、父兄会、父母会等学校後援会的団体の存在があったからである。こうした組織を母体としてＰＴＡの結成が進められたこともあって、昭和二十年代のＰＴＡは、名称はＰＴＡに変ったが、その内実は古い体制そのものであった組織も多かった(5)」。「昭和二十年代のＰＴＡは」とあるが、その後、ＰＴＡの内実が変わった形跡はない。

つまり、戦前からの「古い体制そのもの」が継続している可能性が大きい。

前記の様々な名称を持つ保護者組織は、違いを区別せずに羅列され、みな同じもののように扱われている。しかし、戦前は会員の性別による区分があった。後援会、父兄会などは男性（または父親）を、母の会、母姉会は母親を会員としていた。寄付金集めなどを通じて財政的な学校後援をおこなっていたのは、男性を会員とする後援会や父兄会である。母の会は、財政的後援ではなく「奉仕と修養」を主眼にしていたが、その理念や活動を論じ、現在のＰＴＡに引き付けて考察する研究は皆無と言っていい。しかし、母の会の理念と活動を知ることは、現在のＰＴＡが持つ問題を解明する手がかりになると考えられるのである。

さらに本書では、母の会に加え、やはり文部省の管轄下にあった大日本連合婦人会（以下、連婦と略記）も視野に入れたい。連婦は、内務省による愛国婦人会、軍部の後ろ盾を得た大日本国防婦人会と並ぶ三大婦人組織だった。愛国婦人会と大日本国防婦人会が、出征兵士の世話や銃後の支えなどを活動の中心としていたのに対し、連婦の活動は家庭教育振興や修養、奉仕に重点を置いていた。また連婦は、道府県（・外地）連合婦人会―市郡連合婦人会―区町村婦人会―各支部婦人会―各組婦人会―各家庭婦人と連合していく系統婦人会を構想していた。しかし、それを果たすことなく、一九四二年に三つの婦人会は大日本婦人会として統合された。連婦とＰＴＡの関連は、これまで考察されてきていないが、戦前に実現することがなかった「修養と奉仕を目的とする系統婦人会」は、戦後になってＰＴＡとして一つの達成があったのではないか、という視点で分析する。

学校教育をめぐる文脈

二〇〇〇年代初めは、『心のノート』[6]や教育改革、教育基本法「改正」を批判する議論が展開されていた。[7]それらは教育をめぐる動きが改憲と連動していることを指摘し、戦争できる国づくりに向けた教育への流れを警戒する論調だった。例えば、大内裕和は「教育基本法「改正」は、民主教育の「空洞化」といったこれまでの事態とは全く異なり、固定化した差別社会をつくりだす新自由主義改革とグローバルな市場秩序を支えるための軍事大国化へ向けて、この社会に生きる一人一人を「動員」あるいは「統制」するという教育政策の根本的な転換を目指している」[8]と批判している。

二〇〇六年に教育基本法は改正、一六年三月には安全保障関連法が施行され、政府は現在、憲法改正にも踏み出している。本書では、PTA自体が憲法改正や戦争できる国づくりを警戒する文脈のなかで議論されるべき制度ではないかと問いたい。日の丸・「君が代」については長らく議論されてきていて、多くの文献がある。また、メディアによる報道も多い。日の丸・「君が代」が、主に入学式と卒業式で顕在化するのに対し、PTAは、会員の日常生活に執拗にまとわりつく。しかし、PTAは同様の問題としては認識されていない。

社会教育関係団体と学校教育関係団体

行政は、PTAを社会教育関係団体と規定している。そこに異論をはさむ余地はない。親（または保護者）は、社会教育や成人教育を受ける者として位置づけられている。それはPTAのあり方を規制し「成人教育としての教養、研修に矮小化した、学校教育自体に関わる実践につながらない形式的な活動に終始すること」[9]になる。

しかし一方で、ＰＴＡを学校教育関係団体と考える立場がある。戦後、教育を受ける権利が認められるようになり、ＰＴＡは教育民主化の一環として導入された。学校教育に対する親の教育権行使や発言権を拡大し、行政に教育されるのではなく、批判的に考え行動していく場としてのＰＴＡ活動である。[10]

地域主義、コミュニタリアニズム、ソーシャル・キャピタル

近年、育児不安や一人親家庭の増加などによって、母と家庭の教育力は低下したとされていて、「地域ぐるみ」の教育が強力に推進されている。地域と一体になった教育を提唱する「学校・家庭・地域」「家庭・学校・地域」などの標語が一般化した。ここではそれを「地域主義」と呼ぶことにしよう。また、地域への比重が高まっている一方で、「地域の教育力低下」という言い方もしばしばなされ、地域の教育力を強化するための介入も進行中である。

地域主義とは何か。また、地域主義というものが思想的にどのように位置づけられるのかを考察するために、本書では英語圏で論じられたコミュニタリアニズムとソーシャル・キャピタルという概念を取り上げたい。地域主義は個人主義を嫌い、それを欧米的なものと考えがちである。しかし、欧米にも個人主義を批判し地域（コミュニティ）を重視する思想の系譜は存在する。日本では、地域主義に相対的な位置づけがされていない、またその是非についての議論がないなどの問題がある。

ここでのアプローチは、戦前と戦後の連続という視点から奥むめおを論じる研究[11]や、戦後青年団は戦前青年団の焼き直しだったことを指摘する研究[12]に通じるものがある。また、戦前と戦後を連続して捉え、「総動員体制」を近代化からの逸脱ではなく、近代国家による国民化プロジェクトのなかに位置づける「ネオ連続説[13]」の立場でもある。PTA研究は少なく、確立されたアプローチも特にない。本書では、「ネオ連続説」の立場から、歴史的にPTAを考察したい。

現在、戦後の「平和主義」からの大きな方向転換が進行していて、戦争ができる国へと変貌していく可能性は十分にあるだろう。「一億総活躍社会」のかけ声が高まり、「戦前への回帰」を懸念する声があちこちで聞かれるなか、PTAという組織がはらむ内在的な危険性が高まっている。国家が望む方向に動員される可能性のある組織が全国的規模で維持されていること、それが巨大で見えにくいことを問題にしたいのである。

注

(1) 杉並区教育委員会事務局学校支援課編『PTAハンドブック2013』杉並区教育委員会事務局学校支援課、二〇一三年、一ページ

(2) 岡崎友典『家庭・学校と地域社会——地域教育社会学』放送大学教育振興会、二〇〇〇年、一〇四ページ

(3) 前掲『PTAハンドブック2013』四ページ

(4) 同書一ページ

（5）記念誌編纂委員会編『日本PTA創立60周年記念誌』日本PTA全国協議会、二〇〇九年、三七ページ
（6）文部科学省が二〇〇二年、全国小・中学生に配布した道徳用教材。
（7）三宅晶子『「心のノート」を考える』（岩波ブックレット）、岩波書店、二〇〇三年、同「心と教育「心のノート」のテクスト・イメージ分析――子どもの内面から服従を作り出していく国定教材」、「特集 教育改革」「現代思想」二〇〇三年四月号、青土社、「特集 教育の危機」「現代思想」二〇〇四年四月号、青土社
（8）大内裕和「民主から愛国へ――教育基本法改正論批判」、前掲「現代思想」二〇〇三年四月号、九九ページ
（9）榊原博美「PTAに関する先行研究の再検討――発足時（占領期）PTAの現実的解釈と課題」「教育論叢」第四十六号、名古屋大学大学院教育発達科学研究科教育科学専攻、二〇〇三年、七〇ページ
（10）杉村房彦「日本のPTA 前史と発足過程の研究――親の教育参加とPTAの原理」東京大学博士論文、二〇一一年
（11）成田龍一「母の国の女たち――奥むめおの〈戦時〉と〈戦後〉」、山之内靖／J・ヴィクター・コシュマン／成田龍一編『総力戦と現代化』（パルマケイア叢書）所収、柏書房、一九九五年
（12）北河賢三『戦後の出発――文化運動・青年団・戦争未亡人』（Aoki library 日本の歴史、現代）、青木書店、二〇〇〇年
（13）上野千鶴子『ナショナリズムとジェンダー』青土社、一九九八年、二〇―二一ページ

序章　ＰＴＡとは何か——東京都杉並区立Ａ小学校のケースから：二〇〇一—〇三年

1　入会への圧力

子どもが小学校に入学するとすぐ、ＰＴＡ入会申込書が渡された。そこには、入会するとしないとの選択肢があり、私は「入会しない」に○をつけて提出した。一週間ほどたって、副会長と名乗る女性から電話があり、冷ややかな口調で「全校で入会しないと言っているのはお宅だけ」で、「入会しないのなら、お子さんはＰＴＡ主催の催しに参加できない」と告げられた。参加できないというのは、参加させないということである。それは、いじめの手法の一つであり、脅しでもある。「いじめ根絶に向けて各会員に趣旨の徹底をはかる」ことは日本ＰＴＡ全国協議会の基本方針の一つであるにもかかわらず、いじめの手法で入会に圧力をかけるのである。

あたかも選択肢があるかのような申込書を用意しながら、実際には選択できない。また申込書は私の名前で出し、入会しないと言っているのは私個人であるにもかかわらず、「お宅」という集合的なものとして捉えられ、不利益は子どもに与えられてしまう。

結局、入会せざるをえなかったが、一年もたつと「PTA主催の催し」という表現の空疎さがわかってくる。PTAには、何かを主催する権利はないのである。二〇〇一年度の「PTA主催の催し」は、十月のビーチバレーボール大会と十二月のもちつき大会だけだった。ビーチバレーボール大会は、会員の親睦が目的で、子どもには関係ない。もちつき大会は毎年恒例の行事で、「PTA主催」なのではなく、杵や臼を所有している町内会のお手伝いである。土曜日におこなわれ、行っても行かなくても問題はないのだ。

「PTA主催の催し」を拡大解釈して、いろいろな催しに関わる校外生活部の活動を見てみよう。校外生活部は地域に貢献するための組織であり、居住地域で分けられた地区班で構成され、青少年育成委員会（以下、育成委員会と略記）の行事などを手伝っている。育成委員会は、町内会役員などを構成メンバーとする組織である。二〇〇一年度と〇二年度の育成委員会行事は、歩こう会、親子でバスハイク、夏休み早朝ラジオ体操、町ぐるみ運動会、凧作り会、凧あげ会である。PTA会員は、その下準備や接待、後片付けなどを手伝うが、育成委員会の事業報告にも、杉並区発行による育成委員会の事業実績にも、育成委員会の事業として記載され、PTAの協力についての言及はない。

二〇〇一年度のPTA広報誌は、校外生活部の活動を次のように紹介している。年間行事すべてを「企画・立案・実施しようとしたら大変な労力です。そういった行事を運営してくださっているのは青少年育成委員会の方たちで、私たち校外部員はその仕事の一部を分担し一緒に活動しています」。つまり、育成委員会のおかげで、ＰＴＡ会員の分担は少なくすんでいるのだ。

しかし、会員の意見は異なる。ＰＴＡに関するアンケートは毎年おこなわれ、様々な意見がまとめられて会員に配られる。育成委員会行事参加を廃止すべき、あるいは育成委員会行事そのものが必要ないという意見は二〇〇一年度、〇二年度ともに複数表明されていた。しかし、ＰＴＡには手伝いをやめる権利はない。〇二年度のＰＴＡ広報誌には、育成委員会行事のスリム化を図りたいが、ＰＴＡは育成委員会に付随した立場であることから、改革は難しいと書かれている。また、会長の話では、区の教育委員会が示してくる年間計画は、区内の小学校の計画の一端としてのものであり、予算もつけられてしまうので、Ａ小学校だけ変える、あるいは減らすことはできないという。

育成委員会行事は人気があるわけではなく、参加者が少ないこともあるため、地域住民の参加も奨励されている。脅し文句であった「ＰＴＡ主催の催し」に参加できないというのは、恐れるに足りるほどのことではないことが次第にわかってくる。しかし、だからといって退会は認められていない。むしろ、事情がわかったからこそ、退会は不可能だと悟るシステムだと言える。

副会長からの電話について、同じクラスの複数の母親に話したところ、立場上そういう言い方をせざるをえなかったのだろうと理解を示し、むしろ彼女に対し同情の気持ちを持っていた。その副会長は、態度が甘いとして硬派の役員から吊るし上げを受け、精神性の下痢が止まらなくなったこともあったという。つまり、抑圧されている側が、抑圧する側にまわるという一例である。二〇〇二年度末に、その元副会長と直接会う機会があった。会ってみると、意外にもその人はＰＴＡのあり方に疑問を持つ悩める母親の一人で、私の考えに理解を示したのだった。

2　地区班

A小学校の校区内には、十四の地区班があった。地区班は、○丁目○番○号という住所システムの○番を基礎として校区内をエリア分けし、それを会員の「地域」として固定する機能を果たしていた。それは、自宅を中心にした生活圏とは必ずしも重ならない。

また、通学区域には十二の町内会があるが、PTAの地区班のエリアはそれとも異なっていた。つまり「地域」には、小学校の十四の地区班と、十二の町内会の区域が並立し、ずれながら重複して存在している。ただし、ここで規定された「地域」は住民全員に自覚されたものではなく、個人レベルでの経験のありようによって濃淡がある。活発な活動をおこなっている町内会会員でもあるPTA会員は、地区班と町内会の班に所属して両方の活動に参加する必要がある。その一方、学齢児童がおらず、町内会に所属していなければどちらの活動経験も持たない。つまり、同じエリアに住みながら、住民の「地域」の経験の仕方は均質ではない。しかし、地区班という組織に位置づけられたPTA会員は、それまで認識していなかった「地域」の存在を知り、それを経験することになる。また、地区班は、非常時の集団下校を担う単位としても想定されていて、それがPTA入会に対する圧力と、退会をためらわせるもう一つの圧力として機能していた。

古紙回収

地区班には、古紙回収とパトロールの当番があった。いずれも当番の日時は相談なくすでに決められていて、スケジュール表が配られる。都合が悪ければ班の内部で交代してもらうという仕組みにはなっているが、有無を言わさぬ方法である。当番表を配られてはその作業をやらないとは言いにくい。それは身勝手で、全体の秩序を乱すものであるかのように思われるからだ。強制されている者同士の間に、私もやらされているのだからあなたもやらなければいけないという共同意識を引き起こし、それに反する者に対しては敵対感を引き出すような方法である。しかし、その方法に抵抗感を表すのは、新入生の保護者である。子どもが二年生以上になってPTAに慣れてくると、それは大人げないということになるのだ。

数年ぶりに開かれたという班会で、古紙回収を継続するか否かが議題になったことがあった。班会では、「この活動は二つの班がおこなっているだけであり、区の回収を利用すればすむ」「一カ月分の新聞を家に置く場所がない」「班内二十六世帯の家庭が出す新聞は車の通行のじゃまになる」などの意見が出た。「区から報償金が出るので、それを地区班子ども会の費用にあてていたが、子ども一人につき千円程度であり、親が負担したほうが楽だ」という人もいた。

いつから、そしてなぜPTAが古紙回収をするようになったのかは誰も知らない。PTAの活動全般について言えることだが、その来歴について知る人はほとんどいない。前からやっているから、という理由でやっているのである。PTAは、書記二人を置いているにもかかわらず、議事録、広報誌などはほとんど保存しておらず、記録からその学校での活動歴を知ることは困難である。また、役員・委員は原則的に一年で交代する。それは、できるだけ多数の母親を動員しながら、知識の蓄積を妨げ、来歴や責任の所在を不明確にしている。

しかし、前例主義が必ずしもPTAの特徴というわけではない。「PTAはすぐもとに戻ってしまう」とは、全国PTA問題研究会事務局委員で、一九七〇年代から杉並区でPTA活動の民主化を目指したBさんの言葉である。「戻ってしまう」というのは、戻そうとする力があることを指す。PTAには、前例主義や改革を目指す力、もとに戻そうとする反動の力など、異なる力がはたらいている。

班会での話し合いの結果、多数決によって古紙回収はやめることになった。つまり、会員が決定できる領域もあるのだ。こうしたケースは、PTA活動のなかでは例外的である。しかし、次の古紙回収はすでに決まっていて、手伝ってほしいと言われ手伝うことになった。報奨金を得るためには、区に古紙の重さを報告する必要がある。それは、町内会から預っている天秤ばかりで量った。このような形で、地区班は町内会と関連づけられていた。

パトロール

パトロールと書かれた腕章と、パトロール用のノートを管理している地区班の生活部員宅の前に当番の三人が集まる。腕章をつけてから、四十分を目安に地区班内の割り当てエリアを歩くのがパトロールである。そのエリア内であれば、どこを回るかは、自分たちで決めることができる。

「他のお母さんとおしゃべりできる」「散歩みたいなもの」「誰がどこに住んでいるかわかる」などの意見をパトロール中に聞いた。なかでも印象的だったのは、ある母親の「パトロールの腕章をつけて歩くことで、見ているというメッセージを発している」という言葉である。近代の監視システムは、不可視のパノプティコンや隠しカメラだと言われる。意識的に可視化されたパトロールは、それとは明確に異なる手法である。原則として一年に三回、四十分程度足早に歩くことにどういう意味や効果があるのかは不明である。しかし、強制する力がなければしないだろうことを逆らわずにおこなう訓練にはなる。母たちはそれに積極的な意味を見つけようとしたり、冗談めかしたり、噂話や情報交換の機会にしたり、当たり障りのない会話を交わしたりする。パトロールは、ミクロな公共性として機能していると考えられる。ミクロな公共性は、社会的変化の場や原動力ともなるのだが、これはパトロールにはあてはまらない。むしろ、変化を牽制するものとして機能している。[1]

古紙回収とは異なり、パトロールをやめることはできないだろうというのが、会長経験者を含む数人の会員の見方だった。その理由は、警察が関わっているからである。Ａ小学校の校区で犯罪が少ないのは、パトロールの成果だと警察からほめられたという。それは後述するソーシャル・キャピタルの理論と近い。ロバート・パットナムによると、他の条件が等しい場合、ソーシャル・キャピタルのレベルが高いほど犯罪率が小さいという。[2]

二〇〇一年度には、「不審者の出没について」と「性犯罪（露出狂）について」のお知らせ、および下校中の女児が変質者に触られた事件の通知があった。パトロールは、こうした不審者、露出狂、変質者が出没するという文脈のもとでおこなわれている。地域はパトロールを通して監視、警戒、防衛されるものと位置づけられる。パトロールが自衛しようとするもの、また排除しようとするものは状況に応じて可変的であり、それを非常時の意識や国防意識に導くのは、さして難しいことではないだろう。

3　ベルマーク

Ａ小学校では、二〇〇一年にベルマーク収集が導入された。まず各家庭で製品につけられたベルマークを切り取る。丸、四角、丸まりやすい素材のものなどがあり、整理しやすい切り方を工夫する必要がある。持ち寄ったベルマークは会社別・点数別に仕分けするのだが、二千種類以上ある小さなベルマークの仕分けは大変な作業である。大量の仕分け用の容器や封筒などを持ち寄り、分担して作業を進める。同じ会社でも別会社の扱いとなるベルマークもあるし、別会社のベルマークなのに混同しやすいものもある。また、点数別に仕分けするといっても、点数を表示していない、あるいは小数点の位置が不明確なものもある。それらを注意深く分け、点数を計算して会社別の整理袋に入れ、合計点数を正確に記入する。さらに複雑な手続きを要するものもある。例えば、三ツ矢サイダーの王冠は、個数によって点数を計算、整理袋裏面の三ツ矢証明書に記入して校長先生の印をもらう。これらの手続きを経た後、ベルマーク教育助成財団（以下、ベルマーク財団と略記）に発送する。

ベルマークは、一点が一円として計算されるが、個人で集めても経済的価値は生じない。ＰＴＡの活動としておこなわれたときにだけ、価値が生じるのだ。ベルマークで購入できるのは、学校の備品が中心である。リストのなかからほしい品物を指定すると、数カ月後に届けられる。ベルマークに有効期限はなく、長期間のプールも可能で、購入金額の一〇パーセントがベルマーク財団に寄付される。

ベルマーク財団は、一九六〇年に文部省の認可を得て教育設備財団として設立された。発端は五七年に「へき地」学校の先生が「朝日新聞」に投稿し、その窮状を訴え、設備助成などの援助を求めたことにあったとされる。当時は、都会のＰＴＡも戦災の後遺症などで重い設備負担に悩んでいたという。

一九四七年に制定された日本国憲法は義務教育を無償と定めたが、六〇年代に入っても義務教育無償制度は「有名無実の状況」にあり、「義務教育費におけるＰＴＡ等の寄付金（学校徴収金を除く）の占める割合は四％」「学校徴集金を含めた小・中学校費における保護者の負担額をみると（略）教育費総額に占める割合は六・五％を占めている」[3]という状況にあった。つまり、ＰＴＡは六〇年代に至っても学校後援会の役割を負わされていたのだ。そういう状況であるならば、ベルマークのような非効率的な方法ではなく、適切な賃金体系に基づいた労働から得た金額を寄付するなどの方法もありえただろう。

また、高度経済成長期になると教育財政が潤い、一九六七年三月に「公費で負担すべき経費の私費負担解消について」の小尾通達（当時の東京都教育委員会委員長・小尾乕雄が出した通達）が出されて、後援会としてのＰＴＡからの脱皮が図られる。にもかかわらず、ベルマーク活動は続き、高度経済成長期とその後に三つのピークが見られた。六三年から六五年にかけてＰＴＡが取得した教育設備購入資金は四千万円から八千万円になり、六五年から七五年には二億二千万円に、七五年から八五年には八億五千万円へと急増している。[4]

のちに見るように、戦前は男性を会員とする後援会が学校に対する財政援助をおこない、母の会は財政援助ではなく奉仕と修養をするという分業がされていたのだが、戦後のＰＴＡは、その両方を請け負わされることになったと言えるだろう。

また、ベルマーク運動は「経済と道徳の調和」を説く報徳思想を持っていて、経済至上主義とのバランスをとり、道徳と両立する経済活動を母親が担うという考え方に基づいている。小山静子は、大日本連合婦人会結成への流れとの関連で「とりわけ女性が家庭教育と消費経済の担い手であるということこそが、女性と国家との接点を生み出し、女性の動員をもたらしていた」[5]と書いている。当時はまだ新しい概念だった消費経済が成熟した現在、女性は消費者というだけではなく、それを内省する役割をも与えられている。つまり、父親は資本主義的経済活動に従事し、母親は道徳的経済活動をおこなうという分業である。ただし、ベルマーク財団は競争を奨励していて、全国最高点や都道府県別最高点を集めた学校を年度別・月別に公表している。競争は、道徳的経済活動とは本来相いれないはずだが、道徳的経済を奨励するために資本主義経済の手法を用いているのである。

ベルマークは経済活動の分業だけではなく、社会的役割の分業も示している。『ベルマーク手帳』には、成人男女を描く六十三の挿絵が含まれているが、ベルマークを切る、仕分けする、回収箱を作る、点数計算をするなどの下働きをするのはすべて女性である。「お母さん方が学校に集まって、回収したマークの仕分けをする」「仕分けに集まるお母さんの心も弾む」(6)など、ベルマークの作業をお母さんのものとして固定する。その一方、挿絵で学校長、ＰＴＡ会長と副会長、教育委員は男性であり、ベルマーク財団とその理事会、協力会社、文部科学省（以下、文科省と略記）を代表する者、ベルマーク開始の許可を与え、どのへき地学校、特殊教育学校に何を贈るかを決定するのも男性である。つまり、実際の作業と、より高度な役職とが、性別によって二分されているのである。

ベルマーク参加に際して、ＰＴＡは細かい契約を財団と結ぶが、そこには、預金の管理や保管金に関する一切の事務などは財団がおこなうことが記されている。ＰＴＡは、自分たちが得た金銭を自分たちで管理する権利を持っていない。ベルマークは多くの会員を動員し、指定されたとおりのややこしい作業を経て、投下したマンパワーの価値とは釣り合わない物品を、何カ月か後にありがたくいただくという仕組みである。それは、教育予算のあり方について勉強し、批判し、権利を要求する方向に保護者を向かわせないシステムでもある。協賛企業の側からすると自社製品宣伝の効果がある一方、社会貢献意識も満たし、ベルマーク財団にも利益をもたらす。これを経済活動として見るなら、低賃金労働と搾取という視点からも問い直すことが可能だろう。

4　役員と委員

私がＰＴＡ会員になった二〇〇一年度は、一年から五年までは二クラス、六年は三クラスで編成され、全校児童数は五月の時点で三百九十六人だった。三十五人の一年生でスタートしたクラスで、ＰＴＡ委員長、副委員長、広報委員、文化教養委員、スポーツ委員各一人が、立候補と推薦によって決められた。クラス委員は、学校内のことにだけ関わるので比較的楽な仕事であり、立候補する人は必ずいる。委員は必要に応じて決めるのではなく、役職と人数は既定のもので、必要があろうとなかろうと、すべてのクラスで同様に選出されなければならないのである。

翌年度のＰＴＡ役員選出は難題である。会長一人、副会長二人、会計二人、書記二人が、立候補またはくじ引き、さらに互選を経て決定されると定められているが、実際に立候補する人はほとんどいないので、必ずくじ引きになる。役員に選ばれることは、会員全員から恐れられ嫌われていた。様々な地域組織との会議や会合が頻繁にあり、夜遅くにまで及ぶこともある。それは、「家庭が破壊されるほどの忙しさ」であり、幼い子どもを人に預けるなど「自分の子どもを犠牲にして」の活動になる。二〇〇二年二学期以降、校内の運営委員会は土曜日の午後におこなわれるようになったが、その他の校外会議は平日の昼間があてられていた。

くじ引きの当日に出席できない人は委任状を出すが、くじ引き自体を免れることはできない。くじに当たった場合、仕事を持っていても辞退することはできず、辞退せざるをえない事情があっても、考慮されるとはかぎらない。くじ引きに先立ち、アンケートが会員に配られて、次年度候補者になる意思があるか否か、これまでの役職経験の有無、候補者選出とＰＴＡ全般に関する意見などが求められる。複雑な家庭の事情があるなどの理由で、くじ引きから除外される保護者は必ずいるが、そのためにはプライバシーに関することを、毎年異なるクラス委員に詳しく話さなければならないことを苦痛に感じるというアンケート回答があった。しかし、そのような意見に対しては、個人的事情を口実に逃げようとしているという厳しい疑いのまなざしが向けられる。

役員選出に関して必ず議論になるのが、仕事の有無、パートタイムかフルタイムか、乳幼児と要介護老人の有無である。様々な形で働く母親は多く、必ずしも「専業主婦」と「非専業主婦」という二項対立で捉えることはできない。しかし、役員選出に際しては、しばしばなされる対比である。「専業主婦」が「非専業主婦」を「ずるい」「身勝手」「私たちばかりの負担になる」などと非難、攻撃し、「非専業主婦」が「専業主婦」のようにはＰＴＡ活動に参加できないことを「申し訳ない」「迷惑をかけている」と感じる構造がある。

また、子どもが学童クラブに通う母親とその他の母親についても、前者は攻撃の対象になりやすい。二〇〇二年秋にはその埋め合わせとして、学童クラブの母親の提案で、従来ＰＴＡ役員の仕事だった地域集会所祭りのポップコーン販売を学童クラブの母親が手伝うことになった。地域集会所祭りは、地域集会施設運営協議会と町会連合会が毎年開く催しである。なぜ「ずるい」「身勝手」という怒りがあり、それに対して「申し訳ない」という感じ方があるのか考え、組織そのもののあり方を問うよりも、怒りをなだめるために自発的奉仕をおこなうという力学がはたらいている。

くじ引きを経ておこなわれる互選会も、緊張したものである。候補に選出されて、何らかの役職を希望する会員も少数いる。しかし大多数の会員は役員にはなりたくないし、なるにしても軽い役職を希望する。毎年同じ議論と口論が繰り返され、互選会は「熾烈なもの」「醜い争い」の場となる。新年度の始めに「PTA役員・学級委員長・常任委員名簿」が配られる。二〇〇二年度は、延べ七十九人の保護者が名を連ねていた。そこでは、争いや確執、抵抗の跡は沈黙させられている。見えるのは組織化に対する強烈な志向と、組織に会員を張り付けようとする力である。

二〇〇二年のA小学校のPTA広報誌には、「組織が変わらないなら私たち自身が柔軟な考え方で対処するというスタンスに立って、ただ今運営委員会で検討中です。すなわち、役員の人数を増加し、仕事を内容別、時間帯別などで分担し、かつカバーしあうことです」という記事が載っている。「自主的な任意団体」と規定されているにもかかわらず、PTAは変わらないと決められていて、動員人数を増やし、協力体制を強化する方向に向かおうというのである。大島美津子は日露戦時期の地方改良運動の研究で、「町村住民の自発的な服従と協力を喚起する体制」が創出されたことを論じている。(7)歴史的文脈の差はあるが、それは現在のPTAの力学としても機能している。

PTA会員の三分の一は、役員・委員経験がないまま子どもが卒業していくと言われていて、それに対する怒りが存在する。二〇〇一年度の児童数は三百九十六人だが、保護者数はそれより少ない。そのなかから、延べ七十九人が役職についた。六年を経れば、役員・委員経験がない会員は大幅に減っているはずである。にもかかわらず、あたかも多くの会員が、役員・委員を逃れているかのような言説が流布している。その怒りの解決策として、会員全員に役員・委員経験を強制する方向に向かうのである。

ＰＴＡのくじ引きは、学校によって各クラスで開かれる保護者会のなかでおこなわれる。この保護者会に続いて、学級委員からＰＴＡについての連絡事項が通知され、意見交換の場になる。つまり、保護者会は小学校に通う児童の親の会であり、ＰＴＡとは別組織であるにもかかわらず、学校の保護者会のなかで短いＰＴＡのミーティングがある。その場には担任の先生もいて、自由な発言はしにくい。くじ引きに先立つアンケートには、ＰＴＡに関する様々な意見が表明されているが、それらについて話し合いが持たれることはない。会員の間にも、話し合っても無駄という気分が支配的である。どうせ何も変わらないし、余計なことを言って睨まれるだけ損だという気分である。

このミーティングと、原則として年に一回の班会、年に一回平日の昼間、ファミリーレストランでクラス単位で開かれる茶話会の三つの会合が、ＰＴＡが用意する数少ないコミュニケーションの場である。しかし、そうしたＰＴＡのあり方に不満を表明した母親がいたため、二〇〇一年度末の三月に運営委員会に引き続き、ＰＴＡについて話し合うミーティングを開くと通知があった。会員は、運営委員会を傍聴することができる。運営委員会終了後、帰宅した出席者が数人いて、ミーティングへの出席者は十人ほどだった。校長と教頭も引き続き出席していた。ＰＴＡについての話し合いが始まる前に、運営委員会の場にはなかった録音テープが持ち込まれた。それは、余計なことは言うなという脅しと考えていいだろう。

ＰＴＡは討論を封じ込め、防御的姿勢をとる。あらゆる問題提起に開かれた意思形成の空間[8]にＰ

ＴＡが向かうことは困難である。会員の間にも、討論に対する不信感と無力感が漂っている。

５　ＰＴＡ連合

個々のＰＴＡは、単位ＰＴＡと呼ばれる。その上部組織として、区のレベルでの杉並区立小学校ＰＴＡ連合協議会（以下、杉小Ｐ協と略記）があり、さらに都のレベルでの東京都小学校ＰＴＡ協議会（以下、都小Ｐと略記）がある。都小Ｐの二〇〇一年度の加入協議会数は二十三区、市部、島しょ部を合わせて十五であり、数として多くはない。杉小Ｐ協は、〇一年六月に都小Ｐを脱会した。会長の説明によると、組織としての活動内容が不明確であることが理由であり、給食調理業務の民間委託化、教科書問題などについても納得のいく回答を得られなかったためだという。杉小Ｐ協の会議には、教育委員や区長が出席するものもある。しかし都のレベルからは、部長クラスの出席しかないことも不満だったとのことである。

都小Ｐの事務局に加入学校数の少なさについての考えを聞くと、加入が望ましく勧誘はしているが、加入していなくても市区町村教育委員会とＰＴＡ会長に対して、指導と助言をおこない、また必要な情報は流しているので特に問題はないということだった。虫食いはあっても、全体の運営としては問題にはならない。その虫食いは組織化に対する抵抗である可能性もあるが、抵抗としてはほとんど機能していないようだ。

「地方教育行政の組織及び運営に関する法律」第三章第二十三条には、「教育委員会は、当該地方公共団体が処理する教育に関する事務で、次に掲げるものを管理し、及び執行する」とある。そこには、「青少年教育、女性教育及び公民館の事業その他社会教育に関すること」が含まれる。また、第五章第四十八条は「文部科学大臣は都道府県又は市町村に対し、都道府県委員会は市町村に対し、都道府県又は市町村の教育に関する事務の適正な処理を図るため、必要な指導、助言又は援助を行うことができる」とし、その内容は「青少年教育、女性教育及び公民館の事業その他社会教育の振興」を含む。

前記のような関係にあるので、個々のＰＴＡは日本ＰＴＡ全国協議会（以下、日Ｐと略記）の会員ではなくても、ほぼその枠組みのなかにあることになる。日Ｐは、文科省の管轄下にあり、公立小・中学校ＰＴＡを統括する。ＰＴＡは市区町村、都道府県、国のレベルで連合体を持ち、理念的にそれぞれの場所から国家にまで貫通している組織である。現実には必ずしも、すべての単位ＰＴＡは国家に連結してはいないが、見え隠れする線で理念的につながっている。しかし、ＰＴＡが国家組織であることは、個々の会員には知らされていない。

6　ＰＴＡ的公共性

杉並区立小学校ＰＴＡ連合協議会（杉小Ｐ協）は、四十五の小学校を七分区に分けていた。各分区のなかで、分区長、役員、総務専門委員、学級専門委員、地域専門委員、広報専門委員を各小学校のPTAが毎年ローテーションで担当する。分区は六、七校からなるので、ほとんど毎年何らかの担当があることになる。その他に、杉小P協全体として会長、副会長、特別委員長、総務専門委員長、学級専門委員長、地域専門委員長、広報専門委員長、会計、庶務が置かれている。これらも、各分区の学校PTAがローテーションで担当する。つまり、地区班から始まり、クラス、単位PTA、分区、区というローカルな系統組織が形成されていて、そこには組織に対する偏愛のようなものさえ感じられるのである。

杉小P協は、執行機関として運営委員会、拡大役員会、執行部会を持ち、議決機関として総会がある。さらに総務専門委員会、学級専門委員会、地域専門委員会、広報専門委員会からなる専門委員会と、学校給食、業務民間委託などの問題を扱う特別委員会を持つ。二〇〇一年度は、定期総会一回、拡大役員会十一回、臨時拡大役員会一回、運営委員会十回、臨時運営委員会二回、校長会との懇談会四回、教育委員会との懇談会四回、教育委員会との意見交換三回が開かれたほか、杉並区立中学校PTA協議会、文教委員会、区長、教育長との懇談会がそれぞれ一回ずつおこなわれた。さらに分区ごとに総務専門委員会九回、学級専門委員会三回、地域専門委員会三回、広報専門委員会の会議があった。またその他に、正副会長会、正副会長情報交換会、役員懇談会、合同専門委員会、各研修会などが持たれている(9)。

前記の会議の主な内容は、連絡、報告、確認であり、会長の言葉によると、「大体が「ああ、そうですか」と言って聞いている」ものである。また、多くの会議に教育委員会事務局担当者が来ることは、不必要に感じたそうである。会議での発言を監視、コントロールするのが目的だと誰の目にも見えたからである。

ＰＴＡは、さらに地域組織への協力の役割を担わされている。まず、青少年問題協議会だが、その始まりは一九四九年、国会での戦後混乱期青少年非行の激増対策である。「青少年犯罪・不良化防止に関する決議」に基づき、五三年に総理府が全国の都道府県区市町村での青少年問題協議会設置の勧告を出したことにあった。東京都では、同年、東京都青少年問題協議会条例を制定、各区市町村に対し青少年問題協議会と補導連絡会などの設置を勧告した。杉並区では五五年に、杉並区青少年問題協議会が設置された。青少年問題協議会の当初の目的は、青少年犯罪・不良化防止であり、それは現在も変わっていない。

杉並区青少年問題協議会は、区長を会長とし、二年を任期として二十九人以内のメンバーで構成される。二〇〇一年度は、区議会議員、防犯協会、杉並区町会連合会、杉並区商店会連合会、杉並区民生・児童委員協議会、杉並区保護司会、杉並区女性団体連絡会、杉並区学校開放連合協議会、青少年育成委員会会長連合会、杉並区立小学校ＰＴＡ連合協議会、杉並区立中学校ＰＴＡ連合協議会、青少年委員協議会、母親クラブ連絡会、杉並区立小学校校長会、杉並区立中学校校長会、都立高等学校第三学区校長会、東京都杉並区児童相談所長、警視庁杉並警察署長、警視庁新宿少年センター所長、杉並区助役という構成である。

構成組織の一つである青少年育成委員会（育成委員会）は、青少年問題協議会の事業を推進するための地域組織と位置づけられている。杉並区には、旧出張所を単位に設けられた十七の育成委員会があり、その名称と管轄エリアは、区内の町内会と同一である。

その他の地域組織として地域教育連絡協議会がある。青少年育成委員会役員、町内会役員、小・中学校PTA役員、青少年委員、民生・主任児童委員、保護司、児童館館長、警察、保健センターなどから構成され意見交換をおこなう。さらに地域教育懇談会、学校地域防災連絡会、地域交流会などの組織があるが、ここでは省略する。

前記の組織は、異なる組織を母体とするメンバーによって形成され、重複を含みながら複合的に関連づけられている。組織を中心に考える立場からすると、それは母体となる組織と、そこから派生する組織の両方に活動を与え、組織の弱体化を防ぎ、組織相互を強化するものであるだろう。つまり、PTAをめぐる地域組織は決して効率がいいものではないのだが、むしろ非効率性と重複の網目によって、関連組織全体の維持が図られていると考えられるのである。

しかし、会員の側からすると、なぜこういった煩雑な組織が必要なのかわからないし、組織の煩雑さを噂には聞いていても、ほとんどの会員がその全体像や構成員、機能などを知らない。また、煩雑な組織による会議の多さが、役員になることをいやがる理由にもなっている。組織と会議の名前は立派でも、中身は大したことはないとPTA役員たちは言うのだが、その言葉とは裏腹に、あたかも強固な組織が実体として存在し、抵抗することは不可能であるかのような感覚が醸成されている。

個々のクラス、あるいは学校レベルで、会員が自分たちの問題に即した話し合いをおこなうシステムの欠如と、煩雑な組織の下での連絡会議の多さは、PTA的公共性の特徴と言える。むろん連絡会議でも、様々な問題提起がなされたり、意思形成がおこなわれることはない。青少年犯罪・不良化防止という枠組みのなかで、子どもをめぐる社会問題を一般論として取り上げる傾向が強い。例えば、「キレやすい子ども」「凶悪化する少年犯罪」などをテーマにして講演が持たれるのである。

ある会長経験者は、「どうしてこういうことをしなければならないんだろうと思いながらやっている」「兵隊のような私たち」「教育委員会の妾状態」という表現で、その経験を語った。それは、指示・指導されるままに動いている役員の姿を指している。ＰＴＡは誰が何のために維持したいと思っているのか、責任の所在はどこにあるのかが不明確な組織である。それは、ＰＴＡを取り巻く縦横の組織の煩雑さ、重複、見えにくさなどによるところが大きい。ＰＴＡを現在のようなあり方で維持しているものは、区、あるいは都ではなく、国のレベルの行政であり、究極的には「国家の意志」のようなものであると考えられる。

二〇〇二年度のＡ小学校ＰＴＡの「運営委員会だより」に、以前から杉小Ｐ協からの要望として、地域の組織を行政側で整理し、重複がないよう、必要がないものはやめるようにお願いしてきたとある。しかし、学校をめぐる組織は逆に増えている。例えば、〇二年度から学校教育コーディネーターと学校評議員が導入された。前者は、学校行事への助言・指導をおこない、学校と地域を結ぶ役割を持つ。後者は、「学校運営に保護者だけではなく、様々な分野で活躍している地域の大人の協力を得る」ことを目的にする。地域の有識者や町内会役員、保護者、その他校長が必要と認めた人を校長が推薦し、教育委員会が委託し、校長の求めに応じて学校運営に関して意見を述べる制度である。

7　A小学校の現在――二〇一六年二月

二〇一六年二月、A小学校のPTA会長（Cさん）の話を聞くことができたので、まとめてみたい。杉並区の公立小学校数は、現在四十二校である。少子化に伴い、小学校の合併・閉鎖がおこなわれた。最近の大きな変化として、学校のウェブサイト設置がある。PTAのコーナーもあり、様々な情報が掲載されている。PTAのウェブサイトのメンテナンスの指導やサポートなども受けられる仕組みがあるという。

地区班の活動では現在、古紙回収はしていない。班のパトロールは二人が組になり、一学期に一回おこなっている。年に一回、地区班子ども会があり、手作り活動やボウリングなどを催している。地区班子ども会には、町内会が補助金を出している。最近は、個人情報の管理に注意が払われていて、部外者には会員の住所を知らせないが、子ども会のために町内会には例外的に渡している。また、もちつき大会では杵と臼を町内会から借りる。

夏休み早朝ラジオ体操は、現在では、青少年育成委員会行事ではなく、校外生活部が指導する育成委員会助成事業となっている。育成委員会からは助成金が出るので、ラジオ体操皆勤賞などの景品にあてている。ベルマークは休止しているそうだ。現在、約七万円のプールがあるが、物品購入には学校の予算を使えばいいので、ベルマークはやめるとのことである。

二〇一六年一月には、杉小Ｐ協会長ＯＢ会主催「杉並区立小学校広報誌コンクール」で、ＰＴＡ広報誌が毎日新聞社賞を受賞した。また二月は、会員の親睦活動として講師を招き、アロマテラピーの講座を開いた。約三十人が参加して好評だったので、こうした活動を続けたいと考えている。

ＰＴＡの仕事については、例えば焼きそば係は〇・二ポイントなど、負担した役割に応じたポイント制を導入し、記録はクラスでつけている。重い役ほどポイント数が多く、子どもが卒業するまでに一定のポイントを取得していなければならないとするシステムである。現在、Ａ小学校のＰＴＡ加入率は一〇〇パーセントだそうで、会長であるＣさんとしては、ありがたい状況だという。ＰＴＡ活動に関しては、熱心な人二割、無関心な人六割、不要と考える人二割くらいとのことである。役員選出の際は、みんなうつむいてしまい、家族に病気がある、介護しなければならない、働かなければならないなどの家庭の状況を訴えて、「不幸自慢」「お通夜状態」だという。

ＰＴＡの会議は、平日午前中に開かれている。仕事を持つ母親にとっては問題が多いが、校長先生の意向が強い。土曜日にすると、就業時間外になるため先生たちからの反発も強い。

杉小Ｐ協の活動では、七つの分区間で活動への熱心さにかなりの差がある。杉小Ｐ協に加入しないと区の情報が入らないので、加入は必要である。教育委員や教育長との懇談もあり、意見交換がおこなわれ、ＰＴＡの意見は通りやすい。

青少年問題協議会、育成委員会、青少年委員、地域教育連絡協議会のメンバーは重複している。非行防止、アダルトビデオ・雑誌撲滅の運動がおこなわれていて、コンビニエンスストアや書店で児童の目につきにくい場所に配置するなどを依頼している。学校評議員会は、ほぼ三カ月に一回集まり、給食試食や展覧会などをおこなっている。
Cさんは、小学生と幼稚園児の子ども二人を持つ専業主婦である。会長としてとても忙しいが、役職に就いているという誇りや充実感を感じると語っていた。A小学校が杉小P協分区長の当番になる年と知ったうえで立候補し、会長になったという。当番年は、普段でも多い会議やその他の業務の量がさらに増えるので、会員には恐れられている。会長に立候補するケース自体が少なく、当番年と知ったうえでの立候補はまれである。さらに、一年ではしたいことができないので、次年度も会長を続けるとのことである。Cさんは、少数派なのだろうが、意欲や好奇心を持って役員になり、PTA活動に取り組む母も存在することを示している。

注

(1) Ikegami Eiko, "A Sociological Theory of Publics: Identity and Culture as Emergent Properties in Networks," *Social Research*, Winter vol. 67(4), 2000, p.1003.
(2) Robert D. Putnam, *Bowling Alone; the Collapse and Revival of American Community*. Simon & Schuster Paperbacks, 2000. p.308.［ロバート・D・パットナム『孤独なボウリング――米国コミュニティの崩壊と再生』柴内康文訳、柏書房、二〇〇六年］
(3) 前掲『日本PTA創立60周年記念誌』三八ページ
(4)『ベルマーク手帳2005』ベルマーク教育助成財団、二〇〇五年、五〇ページ
(5) 小山静子『家庭の生成と女性の国民化』勁草書房、一九九九年、二三五ページ
(6) 前掲『ベルマーク手帳2005』二四ページ

（7）大島美津子「地方財政と地方改良運動」、古島敏雄／和歌森太郎／木村礎編『明治大正郷土史研究法』（「郷土史研究講座」第七巻）所収、朝倉書店、一九七〇年、七五ページ

（8）齋藤純一『公共性』（思考のフロンティア）、岩波書店、二〇〇〇年、一三ページ

（9）杉並区立小学校ＰＴＡ連合協議会／杉並区立中学校ＰＴＡ協議会／杉並区立教育委員会編『小・中ＰＴＡ活動のあゆみ――平成13年度活動の記録：ＰＴＡ活動の発展のために』杉並区立小学校ＰＴＡ連合協議会、二〇〇二年、二二一―二二三ページ

第1章　PTAをめぐる横の組織

ＰＴＡは、他の様々な組織に関連づけられ、あるいは組み込まれる組織である。それは、①町内会、青少年育成委員会など地域の組織、②市区町村→都道府県→国への連合に分けられる。つまり、ＰＴＡは地域に広がる横の組織と、国に向かう縦の組織の網目のなかにあるとイメージすることができる。まず、地域組織から見てみたい。

1　町内会

杉並区のウェブサイトには、「町会・自治会とは、一定の区域に住所を有する者の地縁に基づいて形成された自主的な組織であり、その区域に住所を有する全ての世帯は、構成員となることができますが、加入を強制されるものではありません」(1)とある。

自主的な組織であり、加入が強制ではないというのは、ＰＴＡを思わせる表現である。しかし、杉並区は二〇〇二年度からすべての町内会と区政協力委託契約を結び、委託金を支払っている。その目的は、「区政全般にわたる組織的協力」で、委託内容は「杉並区掲示板へのポスター掲出、杉並区が実施する各種事務事業の会員への周知、公園、街頭消火器等公共設備、備品等の損壊通報、各種統計調査、選挙事務等への協力、各種募金活動への協力、各種審議会・委員会等への委員等の推薦、地域集会施設運営協議会等関係団体への協力、その他コミュニティの活性化に関すること」である。

二〇〇一年度までは、会員世帯数に百四十円をかけたものが委託金として町内会に支払われていた。正確な会員数はつかめないので町内会からの申告に基づいていたが、〇二年度からは、住民台帳に基づく町内会区域の全世帯数に百二十円をかけたものが委託金として支払われている。つまり、すべての世帯が会員として扱われていることになる。それまで杉並区では町内会加入率は約六〇パーセントとされていたが、この契約によって委託金の額は、ほぼすべての町内会で増加した。委託金を年度内に使うためには、活動が必要になる。

では、町内会は何をするのだろうか。杉並区のウェブサイトでは、会員相互の親睦活動、敬老行事、小学校入学祝い、資源リサイクル運動・廃品回収、町会・自治会設置の街路灯の維持、各地域防災会・地域消防団、防犯協力会、交通安全活動、小・中学校夏休みの補導活動、町の環境美化活動、青少年育成委員会支援、日本赤十字社と社会福祉協議会活動の協力、各種募金活動が挙げられている。(2)

廃品回収は、区が回収するものとは別に、集団回収がある。それは「清掃事業の資源回収ではなく、町会・自治会、ＰＴＡ」などによる「ボランティア回収」で、「地域のつながりが活性化される」などのメリットがあり、「区は、回収量一キロあたり六円（町会・自治会は七円）の報奨金で活動を支援」している。ここで町内会とＰＴＡが名指されていることは興味深い。ゴミという、生活するうえで必ず出るものを媒介にして、地域のつながりを活性化してほしいという願望が、こうした制度になっている。前に見たように、ＰＴＡが自立しておこなう活動はほぼ皆無であり、ＰＴＡが名指しで活動を期待されることは少ないが、このような地域活動のなかにＰＴＡの利用価値がある。例えば、序章で述べた地区班の古紙回収がその一つである。

また、東京都も町内会活動を奨励している。例えば、二〇一二年度以降、毎年「地域の底力再生事業助成」の募集をおこなっている。それは、「地域活動の担い手である町会・自治会が主催して行う地域の課題を解決するための取組（催し・活動等）を支援」することを目的とする。そこには都や区市町村の支援の下で、商店街、企業、ＮＰＯ、地域住民・ボランティア、高校・大学などの協力を得て、町会・自治会が主催する催しが想定されている。[3] 対象事業になるのは、防災や青少年健全育成活動などで「子供会、学校ＰＴＡ、老人クラブ、商店街に協力を依頼」するとある。ＰＴＡはここでも「地域活動の担い手」である町内会をお手伝いするという立場である。

町内会は、民生・児童委員と保護司、国勢調査の調査員を推薦する。つまり町内会は、区政協力委託契約を結び、地域活動の担い手として位置づけられ、青少年育成委員として子ども育成に関わり、委員・調査員を推薦、選挙事務などへの協力をおこなう。町内会は、行政からの信頼の厚い組織なのだ。また、優良な町内会は国家から表彰される。

町内会は、十から十五世帯程度の班に分けられていて、杉並区では班を単位に回覧板を回している。東京で回覧板が始まったのは日中戦争下の一九三九年八月で、「横一尺二寸、縦九寸のチッソライト製の板」(4)であった。厚みがある板で作られ留め具にお知らせをはさむスタイルで、現在も同じである。「隣組を構成する一軒一軒が所定の枠に印鑑をついて〝お隣り〟にまわしていった回覧板は、上からすれば、なによりも確実な情報伝達・命令の手段であり、庶民にすれば、それは強化されつつあった統制・配給制度の下、生活のカギを握る必見のニュース」(5)だったという歴史がある。現在、回覧板は「必見のニュース」を伝えてはおらず、コミュニケーションの方法も多様化したが、それでも意識的に維持されている。また、杉並区の町内会は十七の地区と区のレベルで連合する組織でもあり、それぞれに班長、地区班長、会長、役員などが置かれる。都のレベルでは、東京都町会連合会がある。

町内会とPTA

こうして見ると、町内会とPTAの共通点と相違点に気づく。共通点は、加入は世帯を単位とすること、自主的な組織で加入は強制ではないとされながら全戸加入が望まれていること、全国津々浦々に作られた地域組織であること、組織の内部が細分化され班が作られ、末端まで到達できる組織であること、連合すること、重要な機能として親睦が挙げられること、地域統合の道具であること、ゴミの集団回収が期待されていることなどである。

違いは、町内会とPTAの区域が異なること、町内会は区から区政協力の委託金を得るが、PTAはただ働きであること、町内会は地域組織の「中枢」「活動の担い手」であり、町内会が主催する活動は奨励されているが、PTAはその手伝い役であり、主催する活動はないことなどである。また、教育についての立場も異なる。杉並区は二〇一二年に「教育ビジョン2012」を策定した。これまで掲げられてきた家庭・学校・地域ではなく「家庭・行政・学校・地域」と表現され、行政が明確に示されていることが注目される。「協働の基盤」として家庭、行政、学校、地域、NPO・ボランティア、社会教育施設、企業、町会・自治会に同じ位置が与えられているが、PTAへの言及はない(6)。

戦時下の状況を振り返ってみると、同様の構図が見えてくる。町内会とそれを細分化した隣組は、食糧・生活物資配給、防空活動などを通じて住民の日常を支配したが、PTAの前身である母の会は、それに従属していた。さらに大きな違いは、「戦後アメリカ占領軍は町内会を戦争に協力した封建遺制とみなし、日本の民主化を阻むものとして、その解散を命じ(7)」たのに対し、PTAは教育の民主化を図るために占領軍によって導入されたことである。

研究対象としての扱い方にも差がある。町内会研究は都市社会学や地域社会学、行政学、政治学の分野で一九五〇年代以降、重要な研究課題であった。PTAも地域組織であるのだが、そうした議論とはほとんど無縁である。さらに、戦前・戦後の連続と非連続をどう見るかについても、町内会については政治学や行政学の領域、そして社会学の一部領域では、連続したものとして議論されてきたが、PTAはごく少数の研究を除いて、戦前は視野に入れられていない。つまり、連続性があるとは考えられていないのである。

杉並区の町内会

杉並区が東京市区制に加えられたのは一九三二年である。東京市では、二三年の関東大震災と三一年の満州事変が町内会創設の主な契機で、約七割が二三年から三三年に創立されたという。杉並では、一三年から一七年の間に二つ、二三年から二七年の間に三十四、二八年から三三年に三十九の町内会が設立されている(8)。四二年の町内会数は六十五、隣組は五千五十六、町内会会員数は五万七千二百十六人である(9)。

Ａ小学校の近辺には、一九三四年の段階で少なくとも五つの町内会が存在していた。また、同じ名前で事務所の住所もほぼ同じエリアにある町内会は、現在二つ存在する。会の名前は、懇和会、正和会、昭和会、新興会、新和会、慶和会、親和会、親交会、睦会、親睦会、親好会、新栄会、共栄会、栄会、町民会、町友会、幸進会、同愛会、春秋会など様々だった(10)。和や親、慶、睦、栄、友、愛などの字が好まれていたことがわかる。

町内会の事務として挙げられているのは、①官公署との連絡交渉、②衛生、③夜警、④兵事、⑤祭事、⑥慶弔、⑦救済、⑧商業、⑨教育、⑩人事相談、⑪表彰、⑫その他である(11)。「官公署との連絡交渉」が、トップに挙げられている。「衛生」は塵芥処理、糞尿汲取、予防注射、衛生講演会、下水溝梁の浚渫などである。「夜警」はパトロールなどの活動、「兵事」は「出征、凱旋、入営及退営の兵士の送迎」「出征兵士の遺族訪問慰安」などである。「祭事」は氏神祭典、神輿を飾る、洗う、祝祭日の祝賀などで、「氏神を中心とする敬神思想の普及」を目指す。「慶弔」は会員家族の「出産、死亡、婚礼、相続等」の際、祝辞または弔辞を述べ祝い金や香花料を贈呈することを指す。「救済」は、他の地方の災害に対する救済、募金や地域の貧困者救済である。「商業」は商店街での町内会に関する事柄で、歳暮大売り出しや福引などの手伝いである。商業繁盛を目的とするという理由から、街灯の建設維持・管理も商業に入る。「教育」は「主として小学校後援会に援助を与へ又共力して、映画会、講演会の開催等を示す」ことである。[12]

小学校後援会は、戦前の学校にあった保護者組織の総称として使われていたと思われる。つまり、PTAの前身と言えるが、戦前の町内会は、それに援助を与え、または協力して映画会や講演会の開催に関わっていた。「援助」が金銭的な援助を意味するとすれば、それは、現在の町内会がPTAの地区班子ども会の際、金銭的補助をしていることに通じるものと言っていい。町内会と小学校保護者組織を結び付けようとする意図は、実は戦前からあったのである。「表彰」は、叙勲やその他表彰に関することである。こうしてみると、「兵事」を除いて他の活動は現在も続いていると言える。

前記の活動の有無について東京市はアンケート調査をおこなっていて、杉並区の七十七町内会から回答を得ている。それによると、衛生六十一、夜警五十、兵事五十七、祭事五十四、慶弔七十一、救済五十三、商事十九、教育二十三、人事相談五、表彰三十、金融三、その他十三である。[13] 杉並区でも、町内会は小学校後援会との関わりがあったことがわかる。

杉並区町会連合会

杉並区町会連合会発行の『杉町連40年のあゆみ』には、杉並区町会連合に加入している百五十五の会の創立年が掲載されていて、そのうち五つが戦前に創設されたとある。その内訳は、一九三三年が二、三五年が二、三七年が一であり、創立年不明も一件ある。しかし、創立年を戦後にしながら、戦前から活動があったとしているものもある。

例えば、一九四八年四月に新しい町内会名で再開したとするケースでは、戦時中は衣料、食糧、生活用品が配給制度で町内会を通じて配られていた。戦後の復興途上、食糧事情が悪化するなか、円滑な配給制度推進と住民の利便のために、戦前のような組織が必要になって再開された[14]。また、戦後解散したが四六年七月に設立し、「戦後の食糧難時代に、特に防犯、衛生等の面で活動が出来るようになった[15]」という記録もある。しかし、全体的には戦前期あるいは復活期について記述しているものは少ない。

戦前や終戦直後は、家はまばらで夜道は暗く、町内会、または商店街として街路灯をつけたという記録を散見する。現在も、街灯点検は町内会の役割であることの歴史的背景が記されている、とも言える。

一九六〇年代、七〇年代、九〇年代になってから作られた町内会もある。杉並区は、九一年に「町会・自治会等の認可に関する事務処理要綱」を制定し、町内会の新設・再編を容易にした。町内会設立は、現在も進行中のプロジェクトである。

各町内会の会長による短い紹介文には、歴史的経緯が書かれているものも多く、住居表示の変更、道路建設、町内会の解散、消滅、吸収合併などがあり、なかなか複雑である。また、川や神社、学校、高速道路、環状七号、甲州街道、駅、線路、建築物などによって囲まれたり隔てられたりする、ある地域を自分の町内として紹介しているケースが多い。行事としては、ラジオ体操、盆踊り大会、子ども相撲、花火大会、餅つき、町内周遊マラソン大会、町内のみんなでカレーライス・豚汁を食べる、非常時の炊き出し訓練、消防署による消火訓練、年末の夜警、資源回収、リサイクル運動などが挙げられ、小学校PTAがこうした行事を手伝ってくれると書いているものもある。

これらの記述から、同じ丁目に町内会が複数ある、道路ができて境界が変わったなどの経緯はありながらも、「自分の町内」という感覚を醸成、継続してきたことがわかる。ある地理的条件が作り出すエリアを一つのまとまりと感じ、防犯・防災に気を配り、協働で暮らす生活圏を「町内」とする感覚である。杉並区町会連合会創立四十周年記念式典では、杉並区登録無形民俗文化財の郷土芸能「高井戸囃子」が上演されていて、町内は郷土や民俗と関連するものとしても捉えられていることがわかる。

町内会と隣組

まず町内会という制度の大まかな流れを見てみよう。江戸期に五人組と呼ばれる制度があり、公序良俗の維持、キリスト教弾圧、相互扶助、道徳教育などの機能を持っていたという。明治政府は近代国家建設の一環として一八八九年に市町村制を施行、地方公共団体としての町村合併・整備に主力を注いだ。江戸期からの旧村とほぼ重なる区域を指す「町内」や「部落」などの地縁に基づく生活集団があったが、それらは私的な生活組織であり、政府の関心事ではなかった。しかし、昭和期になると町内会・部落会が形成される地域があり、それが地方自治制度に取り込まれていく[16]。

東京市は、一九二七年十一月に町会事業の調査・指導をおこなった。「町会規約一例」として挙げられているものは、次の前文で始まる。

一、吾人は忠君愛国を基礎とする国民道徳を涵養し至誠奉公の責務を遵守し以て模範的国民たらんことを期す
一、吾人は帝国の精華たる倹約質素の良風を養ひ自治啓発の途を討究し以て模範的町会たらんことを期す
一、吾人は自治の本義に従ひ一致協力町内の幸福と繁栄に努力し以て公共的精神の実現を期す[17]

現在、「忠君愛国」を掲げる町内会はまずないだろうが、「国民道徳の涵養」「至誠奉公の責務」「模範的国民」「倹約質素」「模範的町会」「幸福と繁栄」「公共的精神」などは、現在の町内会にも通底している。

一九三七年に日中戦争が始まる。翌三八年五月に、東京市告示第二百四十号「東京市町会規約準則」が制定され、町会整備要項で「交隣協力の実を挙ぐる為町会細分組織として連軒数戸を単位とせる「隣組」を結成せしむ」とされた。その説明として、「市政週報」には「それぞれの町会の実

情に即した小地域をわけて大体十戸内外を以て一つの「隣組」を組織するやうにして行き度い[18]」と書かれている。隣組は、現在の班に相当する組織である。

一九四〇年には、内務省訓令第十七号「部落会町内会等整備要領」が発行され、町内会と隣組は行政の末端に組み入れられていく。隣組は、①交隣団体、②町会の細胞組織、③非常災害の備えの三つの機能を持つと説かれた。①については、従来、近所付き合いを疎んじるふうがあったが、「同じ場所に同じ時に生活する者同志が、互に扶け合ひより住みよい世界をつくり出すことに協力すると云ふことは願はしいことである。識りかつ共に和する為には一定の日を決めて組合即ち常会を開催する様にしたい。（略）月に一度位近所が集まって、お祝ひだの、御見舞だの挨拶を交換したりお互に何かと月のうちに経験したお話なり旅行や会合で見聞したことを披露しあふことは望ましいことである[19]」と述べられている。

懇談事項についても、「1．新たに組内に来住した会員の歓迎並挨拶、2．組員中の誕生、七五三、入学、卒業、栄誉、結婚、還暦、古希、銀金婚、叙勲其他の慶事に関する祝詞、3．疾病、災難、不幸等に対する見舞、慰安、4．前会以来組を代表して出席せる各種会合其他の感話、5．時事問題及び地方問題に関する感想の交換[20]」と、細かく指導している。

②の「町会の細胞組織」は、注目される内容になっている。「交隣団体としての町会は単に一つだけ孤立して町会の中に存在することも出来るのであるが、それは単なる御近所付合に過ぎないのであって、隣組はそれではまだ足りないのであって町会内部に同じ様な隣組が整備して互いに重複することなく、町会に統合されて一致の行動のとれるものとなって居らねばならない。（略）隣組

は、悉く一脈の共通性を有って活動することの出来る国家並に社会の要望にも応じ得る実践単位となって居らねばならない(21)」とある。

ここにきて、真の意図が明らかになってくる。隣組は交隣・親睦の団体なのだが、「単なる御近所付合」では不十分であり、「国家並に社会の要望にも応じ得る実践単位」なのである。さらに「町会は隣組の細部的実践網としての役割が充分果されることに依って戦時下に於けるその使命を充分に遂行し得る(22)」のだ。

さらに③非常災害の備えとしては、「空襲時における防空防火等(23)」の団体訓練を挙げている。隣組は、国家総動員体制を支える細胞組織となって、食糧・生活物資の配給、防空などの役割を取り仕切り、すべての家庭が加入せざるをえない状況が作られていった。

敗戦後の一九四七年、ＧＨＱはポツダム政令第十五号公布によって町内会の解散を命じた。しかし、町内会は戦後も引き続き食糧配給などのために活用されていて、東京ではそれまで以上に「准行政的機関となり、迅速なサーベイをおこなう重要な単位となり、（略）自治体の計画を遂行する際の補助者とな」り、「戦時中のどの時期よりも終戦直後の方が仕事の量が多かった(24)」。日赤奉仕団や防犯・防火協会などと名称を変えて、事実上町内会が存続していた地方もあった。五二年にサンフランシスコ講和条約が発効し占領が終わると、町内会は「雨後のたけのこ(25)」のように復活したのである。

町内会研究

町内会は都市社会学や地域社会学、政治学、行政学などの分野で、一九五〇年代初めから議論されてきていて、「町内会論争」とも呼べる長い歴史がある。戦後は民主化が図られた時期である。七〇年ごろまで町内会は、民主化や近代化に反する、克服されるべき旧時代の遺物として否定的に論じられた。しかし、八〇年代以降、町内会を「日本文化の型」として肯定的に捉える立場が現れる。八〇年代は、世界的潮流として社会・人文科学でパラダイムの転回が起きた時代であった。西欧の社会・人文科学が準拠してきた西欧／非西欧、近代／前近代（伝統）、個人／集合、アソシエーション／コミュニティなどの二元論と、それに基づく発展論に対する疑念、批判、抵抗が世界的に広がった。それは、研究対象に対しても新しい視野を生み、西欧の近代的視点によって「前近代」「特殊」「遅れ」「周縁」「封建遺構」などとされてきた事柄の復権、再評価を引き起こした。[26]

その潮流は、町内会研究でも「日本文化の型」としての肯定的再評価、あるいは、民主主義発展の母体となることを期待するなどの「ポストモダン」的転回を起こしていた。一九八〇年代は、各地の自治体で地域再生が課題となり、肯定的視点が求められた時期でもあった。

さらに一九九五年の阪神・淡路大震災を契機に、地域のつながりの有用性・必要性を説く論説が勢いを増した。例えば、今野裕昭の『インナーシティのコミュニティ形成——神戸市真野住民のまちづくり』（〔現代社会学叢書〕、東信堂、二〇〇一年）などが挙げられる。町内会に替わる様々なＮＰＯ活動も盛んになっていて、最近は、町内会ではなく「ボランタリー・アソシエーション」「住縁アソシエーション」「生活地自治体」「地域コミュニティ」「コモンズ」「新しい公共」などの名称が好まれ、市民の自発性や共同の空間に焦点をあてるアプローチが主流になっている。

最近の研究の論調が、町内会のような活動に肯定的であるのは、「ポストモダン」的状況の継続と言える。しかし、町内会研究全般について言えるのは、「ポストモダン」的状況にあると言っても、相変わらず「近代化論」の枠組みのなかにあることだ。例を一つ挙げると、吉原直樹は、占領期の一九四八年一月にＧＨＱが著した『日本における隣保組織――隣組の予備的研究』を読み直す。そして、ＧＨＱの町内会認識は、町内会を「遅れ」「前近代」として見る「近代化論」であると批判する。そして、ＧＨＱの認識では「隣保制度を「上から」の支配の文脈に即してとらえていく視点がまさっており、逆にコモンズを見据えるような視座ははじめから断念されている[27]」と論じる。しかし、町内会・隣組に「コモンズ」の可能性を見ようとするのは、コモンズ＝近代的＝良いとする「近代化論」である。つまり、「近代化論」に抵抗、批判しながら、やはりそこに根差している。

また、町内会研究では、男性研究者が圧倒的多数である。町内会・隣組（現在の班）活動を日常生活のレベルで担うのは女性が多く、そこには男女間の政治的・社会的関係の諸問題もあると考えられるが、ジェンダーの視点を持ち込んだ町内会研究は少ない。

「近代化論」と「文化型論」、戦前・戦後連続論と断絶論

町内会論争で中心的な枠組みになったのは、「近代化論」と「文化型論」である。「近代化論」は、集団のなかに埋没した集合的状態から、自発性・自律性、確立された自我を持つ個人に進化する、

また、地縁に基づくコミュニティは、特定の目的・機能を持つアソシエーションに進化すると考える。そうした観点から、町内会は前近代的・非民主的な「封建遺制」「旧慣」であり、克服されるべき過去であるとして否定的に論じられた。特定の地域に根差し、加入単位が個人ではなく世帯であること、全戸加入の伝統的共同体であること、保守勢力の温存基盤であること、明確な責任区分などの機能が未分化であること、行政に癒着した末端機構であることなどが批判された。戦後、民主化を目指す文脈で論じられてきた議論である。

「文化型論」は、「近代化論」が否定的に捉える事柄を「日本的な文化の型」や「日本文化固有の性格」「日本文化の基層にあるもの」などとして容認し、肯定的に捉える。一九六〇年代ごろから見られた議論だが、八〇年代になってより広く唱えられるようになった。戦後の地方行政や政治に「相対的自立性」を見る立場であり、高度経済成長期以降の地方自治の新たな高まりのなかで、自治に理論的根拠を与えた視点である。

「町内会論争」は、戦前・戦後連続論と、戦前・戦後断続論の側面も持つ。町内会は戦後、民主化のために禁止され、組織としては断続がある。しかし、サンフランシスコ講和条約以後復活し、戦後社会で活躍、現在も「ムラ状況」として継続している。それをどう理解するかという問題である。

また、戦時期の町内会をどう捉えるかという問題もある。「近代化論者」は、戦時期を「全国的体制の組織化」が最終段階に到達、「権力の下降浸透をささえる装置」[28]が完結した時期、「天皇制の最終局面」[29]と捉える。[30]一方「文化型論者」は、戦時体制期の町内会を常態から逸脱したアブノーマルで例外的なものとする。

吉原は、前記二つの捉え方と異なる「もう一つの連続論」を示したとして雨宮昭一の議論を挙げる。雨宮は、連続か断絶かという見方を超えて、総力戦体制は戦後諸システムの原型をなしており[31]、それを「未曾有の社会の変革期[32]」と捉えた。吉原はそれによって、総力戦体制が、戦後体制に与えた影響を考える際の指標になるとする[33]。

前記の戦前・戦後連続論、戦前・戦後断続論、「もう一つの連続論」は、それぞれ日本史での「断絶史観」「連続史観」「ネオ連続説」を想起させる。断絶史観は、「「封建遺制」や「天皇制」などに代表される抑圧的な社会構造が、「戦後民主化」によって払拭され新しい時代が始まった」とする。「戦後にもなおかつ問題があるとすれば、「戦後民主化」が徹底していないせいで、前近代の「残滓」のせい」とする史観である[34]。

一方、連続史観は「明治以降の「近代化プロジェクト」の一貫性」を見る。「大正デモクラシーから戦後改革へ、という発展の連続性を強調[35]」し、総力戦は「「近代化プロジェクト」を不幸にも中断した「異例な」出来事であ[36]」ったとする立場である。

上野千鶴子は、断絶史観と連続史観はともに戦後体制を正当化するために、戦時下の状況を逸脱、異常とする点で共通しているとする。それに異論を唱えるのが、成田龍一の命名による「ネオ連続説[37]」である。ネオ連続説は、「「戦時体制」を逸脱ではなく「近代化プロジェクト」の連続上に捉えるという見方である。ここでは「戦時体制」は「近代化プロジェクト」の新たな段階、したがってむしろ「革新」として捉えられる。そして戦後体制との連続性が強調される[38]」。「戦時動員体制」は日本・ドイツ・イタリアなどのファシズム国家だけではなく、連合軍諸国でも遂行された。「革新」の主体を国民国家にすることによって、「日本特殊性」を超えた世界史的比較が可能になる。さらに、ジェンダーの視点を付け加え、「女性の国民化」を論じる視点を得ることができると上野は論じる。(39)

この視点は、PTAを考察するうえでも有用である。PTAに戦前と戦後体制の連続を見、戦前の母の会と大日本連合婦人会は逸脱だったのではなく、修養と奉仕を通して母の国民化を求める近代国家のプロジェクトであると捉えることができる。それは、戦前・戦後というやや曖昧な時期なのではなく、現在にまで継続しているプロジェクトなのである。

吉原が論じる連続論・断絶論・もう一つの連続論と、上野が論じる連続史観・断続史観・ネオ連続説は並行するものである。しかしその違いは、上野が「ネオ連続説」から日本の女性史を批判的に検証していくのに対して、吉原は「もう一つの連続論」によって町内会の歴史を肯定的に見る視点を得ていることである。上野が女性の戦争協力や「従軍慰安婦」問題など、アジア諸国にまで広がる国民国家の諸問題に切り込むのに対し、吉原は町内会・隣組が日本の植民地支配を通じてアジア諸国に移植されたことによる「近代的」な社会変化を評価するのである。

2　青少年育成委員会

青少年育成委員会（育成委員会）は、「地域における青少年健全育成活動の中心的な存在として期待されて」いて、「目的は、地域社会に根ざした自主的団体として、地域社会の総力を結集して、青少年の健全育成を図ること[40]」とされている。

育成委員会も「自主的団体」とされている。しかし、ＰＴＡが「地域と学校のかけ橋」や「パイプ役」とされるのに対し、育成委員会は「育成活動の中心的な存在として期待され」るという位置づけを与えられている。前述したように、杉並区には十七の育成委員会があり、その名称と管轄エリアは町内会と同一である。Ａ小学校通学区の育成委員会構成員の二〇一二年度から一四年度の内訳（表1）を見ると、人数では「地域協力者」が最も多く、地域を取り込んだ組織であることがわかる。次いで多いのが町内会である。Ａ小学校の通学エリアには十二の町内会があるので、すべての町内会から会長または役員が一人か二人加わっていることになる。育成委員会会長は、いずれの年度も町内会会長が兼務している。全体の男女比では、女性のほうが多い。

育成委員会は、「その特徴の一つが（略）民生・児童委員、保護司、青少年委員、体育指導委員、地域協力者、町会、学校など幅広く構成されている。こうした構成の特徴が言いかえれば育成委員会の役割である[41]」とされている。しか

表1　青少年育成委員会の構成

	2012年度	2013年度	2014年度
地域協力者	18	16	17
町内会	13	14	14
青少年委員	2	3	3
主任児童委員	2	2	2
小学校長	4	3	3
中学校長	1	1	1
児童館長	2	2	2
スポーツ文化クラブ	1	1	1
民生児童委員	2	2	2
保護司	1	1	1
区議会議員	0	1	1

（出典：下高永福青少年育成委員会広報紙から作成）

し、こうした構成は、他の地域組織でも同じである。

育成委員会は、「青少年問題協議会で調整・決定された事項の地域への浸透」を目的とする組織であり、子どもを否定的に捉える立場から出発する。『青少年育成委員ハンドブック』でも「自立の遅れ、いじめ、不登校、社会性の欠如、性の商品化、非行が低年齢化している」「自分の身の回りのことができない」「将来何になりたいかという目標を持っているものが減少している」「人間関係や社会との関係を良好に築く術をもてない」「少年犯罪の凶悪化・粗暴化」「性の荒廃」など、青少年を見る目はネガティブである。また、「援助交際」「アベック殺人事件」「女子高校生コンクリート詰め殺害事件」「書店経営者妻撲殺事件」「神戸の事件」を挙げ、あたかもそれらが現在の青少年を代表するものであるかのような口ぶりである[42]。

また、保護者に向ける目も否定的である。「「個」重視の風潮とあいまって、子どもに対して過保護・過干渉、無責任な放任の傾向が見られ、日常のしつけなど本来家庭が基本となって行うべきことまで学校に任せる傾向も強くなっている」[43]という。後に見るが、「家庭が基本となって行うことまで学校に任せる傾向」は、一九三〇年代には「学校教育一任の傾向」として盛んに問題にされていた。現在も同じ視点が継続していることを示している。

育成委員会の主な活動内容は、①有害な社会環境を浄化するための活動の実施、非行防止活動、②自己成長を伸ばすための文化活動、スポーツ、ボランティア活動、③地域の各種組織・団体相互の連絡調整活動である。①は東京都の指定事業で、有害環境改善活動事業と呼ばれる。「有害環境」は、有害図書・玩具、有害な影響を及ぼす営業、興行、犯罪や非行を誘発する場所などを指し、ビデオレンタル取扱店、コンビニエンスストア、自動販売機、カラオケボックス、デートクラブなどで、アダルトコミック、ビデオ、ゲームなどが販売されていないかどうかをチェックする活動である。

また、育成委員会事業としてＰＴＡと子どもに向けた活動をおこなっていて、二〇一二年度から一四年度は、歩こう会、バスハイク、町ぐるみ交流会、凧作り会、凧あげ会である。それに加えて、育成委員会助成事業として夏休み早朝ラジオ体操と餅つき大会をおこなっている。育成委員会は区から補助金を受けていて、ＰＴＡに助成金を出す。その助成金は、早朝ラジオ体操の景品や餅つきの補助などに使われている。

『育成委員会ハンドブック』に、「育成委員会と学校が一体となった地域ぐるみの仕組みづくりが欠かせない」とあるように、育成委員会は「地域ぐるみの仕組み」を作るための組織である。しかし、「全般的に参加者が減少・固定化している実態については否定できない」現状があり、「育成委員会の地域活動を知らないと回答した区民が七五％以上あった」と杉並区は指摘している。また、「育成委員全体に活動の意識などが徹底しているかというと一概に言いきれない現状もある」[44]のだという。

ＰＴＡについてよく言われることだが、育成委員会についても活性化が必要とされている。それは、組織が不活性であり、行政はそれに不満を持っているということである。「一層活性化された事業運営」のために、「アドバイザー的な参画方式（略）、六十歳年齢制限の緩和、公募の採用など、組織の開放性を高めながら、地域活動に関心を持つ住民の参加を拡大していく必要がある」[45]とし、より広範囲の住民参加と動員を求めていく方向が示されている。

3 青少年委員

青少年委員制度は、一九五三年に東京都の制度として発足し、六五年に区に移管された。この組織も青少年問題協議会の枠組みのなかにあり、非行や犯罪防止を目的にした活動を展開している。青少年委員は、青少年育成委員会長の推薦によって教育委員会が委嘱する非常勤の公務員であり、青少年育成委員会のメンバーでもある。青少年委員になるのは、主にPTA役員経験者と町内会役員経験者である。ほぼ全員が女性で、二年を一期として最大五期まで務めることができる。

青少年委員は、「家庭・地域・学校をつなぐパイプ役」であり、青少年の団体活動や地域での体験活動を支援するため、実技指導や余暇活動の相談、地域団体や関係機関との連絡調整、青少年活動の促進に必要な環境整備など雑多な活動に従事するが、主要なものは、地域教育連絡協議会の事務局としての役割である。地域教育連絡協議会は「中学校区ごとに組織され、その中学校区にある小学校及びその地域・家庭が密接に連携し、地域教育の機能を高め、子どもたちの生活を豊かにし、文科省が推奨する「生きる力」を育む環境の醸成を目的」(46)としている。メンバーは、青少年育成委員、町内会役員、青少年委員、児童館長、民生・児童委員、保護司、小・中学校校長、青少年団体、民間の人などで、青少年育成委員会と同様である。教育委員会の下で地域教育懇談事業などをおこなっていて、青少年委員はそこで案内や誘導など、雑用を担当する。地域教育懇談事業は、「子どもたちの健やかな成長を目指して、家庭・地域・学校がきめ細やかな情報交換・懇談・学習等を行うことで、地域の教育力を高めていく[47]」ものである。

二〇一三年度の青少年委員協議会年間活動状況を見てみよう。青少年委員は区のレベルで協議会を持ち、定例会・全体会・役員会・三役会などが毎月一回から三回おこなわれた。また、専門部として広報部、研修部、地域交流部があり、毎月三回から六回の会合があった。事業や派遣事業として、すぎなみ舞祭、わんぱく相撲、社会を明るくする運動杉並区推進委員会、ラジオ体操実行委員会、ふれあい運動会実行委員会などがあり、毎月一回から八回参加している。

青少年委員は杉並区を三つのブロックに分けていて、各ブロックにブロック長、副ブロック長、部長、副部長などの役職が置かれている。ブロック会、専門部会、定例会、全体会、役員会などがあり、毎月一回から三回の会議がある。さらに東京都の青少年委員が連合して、東京都青少年委員会連合会になる。東京都青少年委員会連合会は、東京を七つのブロックに分け、ブロック長、副ブロック長などの役職が置かれるが、ブロック内でも連絡協議会が組織されている。都のレベルでは代表者会議、青少年委員大会、研修会など毎月一、二回の集まりがあり、これらを合計すると、二〇一三年度は百八十三回の会議や会合があった[48]。青少年委員は、ＰＴＡ役員並みの忙しさである。

ちなみに、『ＰＴＡハンドブック』には、「委員相互の連絡調整と研修のために杉並区青少年委員協議会を自主的に組織している[49]」と記載されている。

青少年委員は雑多な活動に携わるが、知名度は低い。二〇一五年度の青少年委員協議会会長は、次のように語っている。

活動量の多さに本当に驚きました。（略）学校を訪れる機会がたびたびありますが、青少年委員という肩書きがあることを多分知られていないと思います。（略）こんなに頑張っている私達をもっと知ってもらいたいよねって思う反面、そのことばかりが表に出てしまっても良くない気もします。下支えというか、きっと青少年委員はみんな子どもが大好きで、子ども達のために何かやっていることに関して、欲も何にもなく活動してくれていると思います。「青少年委員さんって、ありがたいよね」と、思われる存在になれればそれで良いのかなと日々の活動を通して感じています[50]。

青少年委員は、多数の組織や制度を地域に作り、複雑に関連づけるための仕組みだと考えられる。それは、ＰＴＡ役員経験者などに引き続き奉仕と修養を求めるシステムと言えるかもしれない。二〇一五年には、青少年委員協議会会長から杉並区教育委員に就任したケース[51]があり、ＰＴＡ会長と同様、「昇進」への道もあるポジションである。

注

（1）杉並区「町会・自治会ってどんな団体」（http://www.city.suginami.tokyo.jp/guide/chiiki/chokai/1005188.html）［アクセス二〇一六年四月十八日］

杉並区、東京都、東京市の文書では町会という名称が使われるが、本書では町内会とする。
（２）杉並区「地域活動――よくある質問」（http://www.city.suginami.tokyo.jp/faq/shogaigakushu/katsudou/1003569.html）［アクセス二〇一六年四月二十五日］
（３）東京都「平成28年度「地域の底力再生事業助成」の募集を行います！」（http://www.metro.tokyo.jp/INET/BOSHU/2016/03/22q3o200.htm）［アクセス二〇一六年四月二十五日］
（４）東京都編『戦時下「都庁」の広報活動』（都史紀要）、東京都、一九九五年、一四五ページ
（５）江波戸昭『戦時生活と隣組回覧板』中央公論事業出版、二〇〇一年、四ページ
（６）杉並区教育委員会『杉並区教育ビジョン2012――共に学び共に支え共に創る杉並の教育』杉並区教育委員会事務局庶務課、二〇一二年、一三ページ
（７）玉野和志『東京のローカルコミュニティ――ある町の物語一九〇〇―八〇』東京大学出版会、二〇〇五年、五一ページ
（８）東京市役所編『東京市町内会の調査』東京市役所、一九三四年、一一ページ
（９）東京都杉並区立教育委員会『杉並区教育史』下、東京都杉並区立教育委員会、一九六六年、六九六ページ
（10）前掲『東京市町内会の調査』四八―四九ページ
（11）同書三八ページ
（12）同書四三―四五ページ
（13）同書三九ページ
（14）杉並区町会連合会創立40周年記念誌編集委員会編『杉町連40年のあゆみ――創立40周年記念誌』杉並区町会連合会、一九九八年、二六ページ

(15)同書二四ページ
(16)鳥越皓之『地域自治会の研究――部落会・町内会・自治会の展開過程』(関西学院大学研究叢書)、ミネルヴァ書房、一九九四年、一一―一二ページ
(17)東京市役所編『東京市町会事業概要 昭和二年十一月調査』東京市役所、一九二八年、五一ページ(原文はカタカナ)
(18)市民局「町会と隣組」「市政週報」第四十二号、市民局、一九四〇年、四ページ(原文はカタカナ)
(19)同誌六ページ
(20)同誌六ページ
(21)同誌七ページ
(22)同誌五ページ
(23)同誌七ページ
(24)吉原直樹『アジアの地域住民組織――町内会・街坊会・RT/RW』御茶の水書房、二〇〇〇年、一五ページ、GHQ民政情報教育局調査分析部『日本における隣保組織――隣組の予備的研究』からの引用。
(25)同書iページ
(26)岩竹美加子「はじめに」、岩竹美加子編訳『民俗学の政治性――アメリカ民俗学一〇〇年目の省察から』(ニュー・フォークロア双書)所収、未来社、一九九六年、九―一二五ページ
(27)前掲『アジアの地域住民組織』一五ページ
(28)同書一八ページ
(29)吉原直樹「地域住民組織における共同性と公共性――町内会を中心として」、日本社会学会編「社

会学評論」第五十巻第四号、日本社会学会、二〇〇〇年、五七五―五七六ページ
(30)同論文五七五ページ
(31)前掲『アジアの地域住民組織』一九―二一ページ、前掲「地域住民組織における共同性と公共性」五七六ページ
(32)前掲『アジアの地域住民組織』二二ページ
(33)同書iiiページ、一八―二一ページ
(34)前掲『ナショナリズムとジェンダー』一六ページ
(35)同書一七ページ
(36)同書一八ページ
(37)山之内靖／成田龍一、大和裕和（聞き手）「インタビュー　総力戦・国民国家・システム社会」「現代思想」一九九六年六月号、青土社
(38)前掲『ナショナリズムとジェンダー』二一ページ
(39)同書二一―三〇ページ
(40)杉並区保健福祉部児童青少年課編『杉並区青少年育成委員ハンドブック――平成24年度版』杉並区保健福祉部児童青少年課、二〇一二年、一ページ
(41)同書三八ページ
(42)同書三五―三六ページ
(43)同書三六ページ
(44)同書三七―四二ページ
(45)同書四三ページ

(46) 前掲『ＰＴＡハンドブック2013』四七ページ
(47) 杉並区「地域教育連絡協議会」(http://www.city.suginami.tokyo.jp/kyouiku/shogai/seishonen/1011118.html)［アクセス二〇一六年六月十二日］
(48) 杉並区青少年委員協議会広報部編『未来につなげよう輝く青少年――みんなの力で』(青少年委員実践集録 平成25年度)、杉並区教育委員会事務局学校支援課家庭・地域教育担当、二〇一四年、二七―二八ページ
(49) 前掲『ＰＴＡハンドブック2013』四七ページ
(50) 杉並区青少年委員協議会広報部編「青少年委員だより」第六十五号、杉並区教育委員会事務局学校支援課、二〇一五年
(51) 同誌

第2章　PTAをめぐる縦の組織

1　杉並区立小学校PTA連合協議会

杉並区立小学校PTA連合協議会（杉小P協）は、杉並区教育委員会の下部組織であり、現在、四十三ある公立小学校・区立特別支援学校PTAのすべてが加入している。二〇〇一年まで加入していない小学校は一校あった。しかし、〇〇年夏にプールで児童が死亡する事故があり、その補償をめぐる交渉のために、「屈辱の思いで」加入せざるをえなかったという。

杉小P協の「平成二十四年度活動内容」で活動方針のトップに挙がっているのは、「全員の参画による活動の活性化(1)」である。その活動内容は、単位PTA相互の連絡と研修活動、社会教育の振興と地域環境の浄化を図る活動、公教育費の充実を図る活動、青少年の教育・福祉のために活動する他の団体および機関と協力する活動などである。また、『PTAハンドブック2013』には「各単位ＰＴＡ相互の連絡協調を図るとともに、共通の目的達成のために努力し、単位ＰＴＡの向上発展と、教育の健全な振興に寄与している」[2]と記されている。

この「連絡協調」というのは面白い表現である。それは、連絡し協調するのであって、自由な意見交換や討論をおこなう場ではないということだろう。「社会教育の振興」は、ＰＴＡ会員を教育される側に位置づける。「教育の健全な振興」と「地域環境の浄化」は、青少年問題協議会の基本的枠組みである。こうしたＰＴＡ活動のなかに「公教育費の充実を図る活動」があり、それは自立的活動のように聞こえる。『ＰＴＡハンドブック2013』には「学校の人事・管理その他への不干渉」という項目があり、「学校の人事や、管理運営等に干渉してはなりません」[3]と書いてある。しかし、「協議して予算要望を行」うことはできる。それがどのようにおこなわれるかを見ていこう。

公教育費の充実を図る活動

杉小Ｐ協の「平成二十四年度の活動記録」を見ると、総務専門委員会では委員会を計四十回開催している。そのなかで、「平成二十五年度教育予算要望書提出までの取組み」と「平成二十六年度教育予算要望書草案作成までの取組み」がなされた。教育予算要望書の内容は、学校の安全に関わる要望、児童の学習に関わる要望、学習環境に関わる要望、特別支援教育に関わる要望、その他の要望の五つに分けられる。それぞれの具体的内容は多岐にわたり、専門的である。例えば、ＩＣＴ（Information Communication Technology）の設置と活用、言語聴覚士・作業療法士・臨床発達心理士などによる指導など[4]を挙げていて、原則として任期一年のＰＴＡ役員によってではなく、専門的知識を持つ人によって前もって草案されたものと考えられる。

また、教育予算要望書はその年の役員が作ったものではなく、前年度の総務専門委員会から継承し、教育委員会との懇談会傍聴や、校長会三役との懇談会出席などを経て教育委員会に提出後、次年度の要望書案を作成し、次年度総務専門委員に引き継ぐのである。教育予算についての要望を提出し、行政に対してはたらきかけをおこなっているように見えるが、実際には、ほぼ同じ枠組みと内容の要望書を毎年リレー式に手渡しているにすぎない。「協議して予算要望を行」うとあるのは、このことである。それは、定型を継承、承認、維持していく訓練だと思われる。のちに見るが、戦前の学校後援会は、学校への財政的援助をしていた。財政的後援は一九六〇年代になっても続けられていて、現在おこなわれている教育予算要望には、おそらくそうした歴史的背景があるものと思われる。

親睦

杉小P協では、親睦のためのスポーツ活動も活発で、七つの分区でバレーボールと卓球、バドミントンがおこなわれている。ただし、二〇一三年度の「分区の活動」報告からは、温度差が伝わってくる。夏休みと一月以外、ほぼ毎月バレーボールと卓球をおこなっている分区がある一方、体育祭を年に一回おこなっただけの分区もある。

バレーボール大会については、「バレーボール部春の審判講習会」「バレーボール部秋の審判講習会」「バレーボール部キャプテン会議」「バレーボール部引き継ぎ」「スポーツ大会反省会」もおこなわれている。つまり、バレーボール大会というイベントのために、それに関する会が何回もあるのだが、ここにも分区間で温度差が見られる。分区別の回数を見ると、最多が七回、最小は二回となっている。(5)会を何回おこなうのかについては自分たちで決めることができるが、会そのものをなくすことはできないということだろう。

報告ではその他にもコーラス、PTA野球の春季大会と秋季大会などを挙げている。さらに、分区内だけではなく、隣接する分区間の親睦のためのスポーツイベントなどが不定期に持たれ、PTA全体として見渡すと、班の活動、単位PTAの活動、分区内の活動、分区間の活動、杉小P協全体の活動という重層的なレベルで様々な活動がおこなわれている。

さらに、杉並区立小学校PTA野球連合協議会という組織がある。会員は男性で、父親を地域に取り込むための野球連合である。そのウェブサイトには「おやじ東京」や「おやじ日本」へのリンクがあり、区から都へ、国へという道筋が示されている。(6)

杉並区立小学校PTA連合協議会の歴史

杉小P協の前身、杉並区立小学校PTA協議会が発足したのは一九五〇年である。『杉並区教育史』は、「文部省から単位PTAについては規範的な指導がなされたが連合会やPTA協議会には何も示されなかった」(7)と述べる。つまり、区—都—国という構図は、当初から確固として指示されていたわけではなかった。

戦前の後援会・奉仕会・母の会などの会長には土地の有力者が多かった。しかし、「新しいPT

Aは会長にも子どもの親が望まれたことや、追放者などの問題もあって、協議会の動きは、そのまま単位PTAとの結びつきには至らなかった。いわば杉並におけるPTA協議会は独自の歩みを始めることになった[8]」という。PTA会長には土地の有力者ではなく児童の親が望まれたが、戦後、公職追放になったケースもあり複雑な経緯を経たということだと思われる。協議会は単位PTAと結び付いておらず、単位PTAが集合し、その上部組織として協議会があったわけではなかった。PTA協議会は、単独の組織として存在していたのだろう。

杉並区立小学校PTA協議会規約（抄）は、「本会は杉並区立小学校PTA相互の連絡、協調を図り、共通の福祉を増進することを目的とする」と規定し、事務所を会長所属小学校内に置くとしている。また、一九五〇年から六五年までの九人の歴代会長の名前が掲載されている[9]。全員が男性である。

杉小P協の『50周年記念誌』の年表は、一九六〇年に「杉小P協に四十一校加盟[10]」と記している。発足から十年を経て加盟校が増え、単位PTAの上部組織としての体裁が整っていったということだろう。

2　東京都小学校PTA協議会

PTAは原則的には、連合として上部団体に加盟していくので、ピラミッド型の組織になる。東京都小学校ＰＴＡ協議会（都小Ｐ）は、市区町村ＰＴＡ連合─都道府県ＰＴＡ連合─日本ＰＴＡ全国協議会（日Ｐ）というピラミッド型ＰＴＡ連合の中間に位置している。日Ｐは文科省の管轄下にあり、文科省は全国のＰＴＡを睥睨、指導する立場にある。都小Ｐにも日Ｐにも加盟していないＰＴＡであっても、その仕組みから逃れることはできない。前記の系統が国家を貫通し、骨格のように存在しているのだ。

杉小Ｐ協には現在、杉並区内のすべての小学校ＰＴＡが加入しているが、全国を見渡せば市区町村レベルのＰＴＡ連合に加入していないＰＴＡがあるかもしれない。都小Ｐが実は加入率が低い組織であるように、他の道府県ＰＴＡ連合への加入率も一〇〇パーセントではないだろう。つまり実際には、連合に加入していないＰＴＡもあるので、国家を貫通するはずの系統にはところどころ穴があるのだが、理念としての体系が存在することによって、その穴は隠される。

ＰＴＡ加入が、実質的に強制であることの理由は、こうしたところにあると思われる。親や保護者は、その体系の末端でＰＴＡ会員になることによって、勝手に浮遊する区民や市民ではなく、国家の息がかかった国民になる。個々のＰＴＡや連合、また個人としてのＰＴＡ会員は、国家の理念と系統を保持するために必要とされている。つまり、会員のための組織ではなく、組織のための会員という構造である。ただし、この体系はＰＴＡ会員には知らされておらず、知らないまま過ごす会員も多い。骨格として存在しながら、同時にひそやかな体系でもあるという矛盾した仕組みである。

東京都の他のＰＴＡ連合としては、東京都公立幼小中高ＰＴＡ連絡協議会、東京都公立中学校ＰＴＡ協議会（以下、都中Ｐと略記）、東京都公立高等学校ＰＴＡ連合会、東京都特別支援学校ＰＴＡ

連合会などがある。ただし、日Pに加入しているのは都小Pと都中Pだけであり、また連合として上部連合に入るという原則も絶対的なものではない。

二〇一二年四月、社団法人東京都小学校PTA協議会は、一般社団法人東京都小学校PTA協議会に移行した。同時に、加入の幅が広げられ、準会員として、単位PTAや地区内ブロックでの加盟もできるようになった。正会員は、従来どおり都内市区町村で組織されたPTA連合会としての加盟である。加盟校と会員が少ないため、準会員制度を設けたと思われる。

しかし、都小P設立当初は、市区町村レベルのPTA連合としてではなく、単位PTAとしての加入であった。また、日Pから脱退していた時期もある。つまり、市区町村PTA連合―都道府県PTA連合―日Pという体系は、確立したものとして連綿と続いてきたわけではない。国家を貫通する体系とは、あくまでも理念であり、望まれる姿として表象されるものと言える。それは、内部での抵抗や反発、闘争などを隠す機能も有している。

東京都小学校PTA協議会の歴史

『東京都公立幼小中高PTA創立40周年記念誌』には、「都小P協の結成についてはその当時の資料がないので明らかではないが、昭和二十三年七月十日発行の「毎日新聞」に、「新教育制度実施の線に沿って、先月全国PTA連絡会が発足、都内でも「東京都父母と先生の会連合会」（小学校）（略）などさかんにPTA運動が起こっているが……」と掲載されている記事から推測すると、昭和二十二年ごろか、二十三年には結成されたのであろう。そして、会の名称は、この記事を信頼するならば「東京都父母と先生の会連合会」とされていたことがわかる」、とある。

また、「その構成単位は、同記事のなかに、「同連合会の会員募集のパンフレットの中に、「まだＰＴＡと改名されぬ保護者会・後援会・母の会でもよろしい」とある」ことから、各小学校単位であったようである」[11]と記されている。つまり、都小Ｐは一九四七年か四八年に発足したらしいが、発足時の正式な記録を持たず、発足年、組織名、構成単位といった基本的な事柄は、すべて新聞記事からの推測である。

東京都小学校ＰＴＡ連絡協議会と名称を改めたのは、一九五〇年である。二年後の五二年に日本ＰＴＡ全国協議会が結成され、「その後都小Ｐはその地方協議会の一つとなっていった。しかし、実質的には加入単位ＰＴＡの数は極めて少数であったよう」だという。「当時、どのような活動をしていたかは不明であるが、（略）その活動の中心は財政的あるいは奉仕的学校後援におかれていた[12]」という。

つまり、連合体の体裁を整えるために枠組みが先に作られたが、加入ＰＴＡは非常に少なく活動内容は不明、中身は空疎だったということである。「財政的あるいは奉仕的学校後援」が活動の中心だったというのは、戦前の学校後援会と母の会の奉仕活動が継続していたということだろう。

続けて、「この活動が長い間ＰＴＡの中心的な仕事となり、その後の社会の変化に容易に適応できなかったこと、又、ＰＴＡについての理解が不十分であったことなどの理由から、ＰＴＡ本来の活動を進める上で、その後の発展に大きな課題を残した[13]」という。「ＰＴＡ本来の活動」は、民主的・自立的組織としての活動を指すと思われる。

一九五七年二月、都小Ｐは「会則を根本的に改正し、構成単位を都内各地区における連合体と改めた。尚、特別区中単一の連合体を組織していないところや、特別区でも、その統合前の二つの地区に分かれてそれぞれ連合体を作っているような場合には、格別に構成単位になることができるという共通理解をもった」。特別区とは、東京都の区を指す。続いて役員総改選をおこない、「東京都小学校ＰＴＡ協議会として再出発をしたのである。そして、昭和三十二年九月九日以降日本ＰＴＡを脱退した[14]」。脱退の理由は明確に述べられていないが、日Ｐへの分担金の支払いに窮していたことがその一つだったようだ。

同年九月、「東京都小学校ＰＴＡ大会を開催、都内二十三区八市三郡の小学校ＰＴＡより千五百名余の代表が出席し、「義務教育の水準の維持向上」「義務教育予算の合理化と優先支弁」のスローガンの下に大会宣言と決議をおこない、この宣言決議を都、区、市町村の理事者及び議会その他関係各方面に伝達した[15]」という。日Ｐを脱退したうえで大会を開催、宣言決議を都市区町村の「関係各方面に伝達」したのは、現在のＰＴＡの立場からすると、きわめて大胆な行為である。

「昭和三十年代の主な活動は、教育費の増額、施設の均衡化、交通安全対策、高校増設の促進等について都当局への要望や、ＰＴＡの当面する諸問題、教育の中立性についての研究座談会、広報活動を中心的活動として展開し、学校後援的な奉仕活動から、ＰＴＡ本来の活動へと転換していった[16]」という。奉仕活動をおこなっていた戦前的な保護者組織から、教育の権利を求める戦後的あるいは民主的組織への転換を図ったということである。

しかし、一九六五年九月、都小Ｐは日Ｐ加入の可否についてアンケートをとり、十一月に臨時総会を開いて加入を決定、日Pの地方協議会の一つになった。日Pからは、八年間脱退していたことになるが、その時期を「沿革史」は「再建」の時期だったと位置づけている。[17]

都小Pには、固定した事務局はなく、会長が変わると事務局も変わっていたという。事務局の所在については「はっきりしたことは分からない」「わかる範囲で記述する」という状況であり、一九八〇年代に至るまで、事務局がどこにあったのかさえ明確な記録が残っていない。[18]

一九五九年度に加入していたPTAの「構成単位は（略）二十三区全部と八王子、立川、武蔵野、三鷹、府中、昭島、町田、調布の八市、西多摩、南多摩、北多摩の三郡と大島の一島で」[19]、それから十八年後の七七年三月には、十九区と三島の合計二十二の小学校PTA連合となっている。「郡・市のPTA連合会は、多摩地区小学校PTA連絡協議会が結成された時に、都小Pから脱退した」[20]。現在、この協議会は存在しないようである。

二十三区、二十六市、三町一村、四つの島嶼部からなる現在の東京で、都小Pへの加入は六区だけである。加盟率は全小学校数の一七パーセントであり、府県組織への加盟率が一〇〇パーセントに近い宮城県や京都府と対照的である。[21] 都小Pは、首都東京の公立小学校を連合する組織であり、日Pを構成する要素の一つとして欠かせない存在であるにもかかわらず、加入率は低くうつろな組織と言えるだろう。

日本では、全国組織として成立している「ほとんどすべての団体が、頂点だけがあって底辺が欠けていたり、あっても極めて弱体であるという傾向は否定できない。（略）いわば、足のない幽霊として、頭だけが独走するという事態[22]」だと、三井為友は批判している。

東京都小学校PTA協議会の役割

都小Pは、「PTA東京」を年に二回出していて、最新号はウェブサイトで見ることができる。そこには都小Pの目標として「社会教育、家庭教育の充実」「学校教育との連携を深める」「青少年の健全育成の増進」の三つを挙げている。またその役割は、①都教育委員会へ意見を伝える窓口、②他区、他市PTA連合との情報交換の場の提供、③幅広い研修機会の提供、④早く、正確な情報取得と伝達、⑤調査機関としての機能、⑥世論へ訴え提言する、である。[23]

「都教育委員会へ意見を伝える窓口」を筆頭に挙げているが、それは中央集権的機構とイメージを支え、強化しようとする意思の表れでもあるだろう。都教育委員会には都小Pが、区教育委員会には区のPTA連合協議会が、文科省には日Pが意見を伝えなければならないのだろうか。個人として意見を伝える、抗議する、申し立てをおこなう、情報公開を求める、ワーキンググループを作って行動する、監査請求する、デモをするなど、行政にはたらきかける方法はいくつもある。にもかかわらず、都小Pが都教育委員会に意見を伝えると明記しなければならないのは、中央集権的な国家の仕組みとイメージを守り、加盟を勧めるための口実である可能性が高い。

心の東京革命

東京都は、二〇〇〇年に「心の東京革命行動プラン」を策定した。子どもを自己中心的で欲望を抑えられず、社会の基本的ルールをわきまえない存在として捉え、奉仕や道徳を強化しようとする運動である。「毎日きちんとあいさつさせよう」「他人の子どもでも叱ろう」「子どもに手伝いをさせよう」「ねだる子どもにがまんをさせよう」「先人や目上の人を敬う心を育てよう」「体験の中で子どもをきたえよう」「子どもにその日のことを話させよう」の七つの呼びかけをおこなった。

二〇〇一年三月に、都庁知事本局の担当者から聞いた話によると、当時の石原慎太郎都知事自らの主導による運動ということである。その本人だが、中学時代にヨットを買ってもらった思い出を、〇二年二月二十四日テレビ朝日放映の『グレートマザー物語』で語っている。石原兄弟のおねだりを父はすぐ承諾しなかったが、母の口添えで買ってもらえることになったという。一九四〇年代の日本でヨットを買ってもらった中学生は、突出した存在だろう。そういう人物が発する「ねだる子どもにがまんをさせよう」という言葉を、私たちはどう受け取るべきなのだろうか。

その後、この運動は多少修正され、二〇一四年以降「こころの東京革命」とひらがな表記となった。現在は、「毎日きちんと挨拶させよう」「善いことは褒め、悪いことは叱ろう」「ねだる子供にがまんをさせよう」「先人や目上の人を敬う心を育てよう」「体験の中で子供を鍛えよう」の五つの「こころの東京ルール」[24]を提唱している。

楽しい子育て全国キャンペーン

都小Pは、東京都が進める「こころの東京革命」の支援活動のほか、日Pの活動を支援する。例えば、日Pと文科省は「「楽しい子育て全国キャンペーン」〜親子で話そう！家庭のきずな・我が家のルール〜三行詩」公募をおこなっている。募集対象となるのは小・中学生、保護者、教職員などで、都小Ｐも都小Ｐ会長賞や優秀賞などを授与している。都小Ｐ会長賞を受け、都小Ｐが推薦した作品の一つが、二〇一三年度に文部科学大臣賞を受賞したことを機関誌「ＰＴＡ東京」は報じている。受賞作は「かえったら　なにからはなそう　きょうのこと」[25]という三行詩である。「心の東京革命」のスローガンの一つに「子どもにその日のことを話させよう」が挙げられていた。受賞作では、「話させよう」という意志形の使役動詞が、「なにからはなそう」と子どもの側からの発話に置き換えられている。行政のスローガンを内部化し、三行詩にした小学生が褒められたのだ。

その他にも都小Ｐ会長賞と優秀賞が複数授与されていて、受賞者のなかには杉並区立小学校の児童も含まれている。都小Ｐや日Ｐに加盟していないのは、親や保護者による何らかの意思表示の可能性があるが、賞を与えることによって、都小Ｐと日Ｐ・文科省は子どもに直接到達し、影響を及ぼそうとするのである。

道徳

東京都教育委員会は、「東京都道徳教育教材集」を作成、二〇一三年に都内公立小・中学校などの児童・生徒に配布している。学年別に「心あかるく」「心しなやかに」「心たくましく」「心みつめて」というタイトルがつけられ、「心」をテーマにしている。前述の都による「心の東京革命」が思い起こされる。ここでもまた「心」が強調され、子どもの心に介入していこうとする意図がうかがえるようである。

都小Ｐはこうした道徳教育に合わせて、二〇一五年に保護者と先生の意識調査をおこなった。質問の一つとして次の内容のものがある。「次の中で特に大切だと思う物を三つまでお答えください」とあり、選択肢は以下である。「節度・節制・自立」「勤勉・努力」「勇気」「誠実・明朗」「礼儀」「思いやり・親切」「友情・信頼」「尊敬・感謝」「生命尊重」「自然愛・動植物愛護」「敬けん（深く慈しむ気持ち）」「公徳心（公衆道徳を重んじて守ろうとする心）」「規則の尊重」「勤労」「家族愛」「愛校心」「郷土愛」。次の質問は、前記の項目からいま子どもたちに欠けていると思うものを三つ挙げるというものである。そしてアンケート集計の結果から、保護者と先生の回答の違いを描写している。[26] これらの質問は、公教育が特定の価値を重視していることを示している。「節度・節制・自立」から始まって、家族→学校→郷土へと広がる愛と道徳心であり、前記以外の選択肢は与えられていない。

3　日本PTA全国協議会

組織

日本PTA全国協議会（日P）は、文科省と連結した組織で、公立小・中学校PTAを統括する。全国のPTA協議会を北海道、東北、東京、関東、東海北陸、近畿、中国、四国、九州の九つのブロックに分け、それぞれのブロック内でさらにブロックに分ける、という仕組みが連鎖していく。都小Pは加盟のPTA連合が少ないためブロック分けの意味がないが、杉小P協は七つの分区に分けられ、さらにA小学校PTAの内部は班に分けられるといったように、「入れ子」のような構造で、理念的には国から世帯までを貫通することが目指される。他のブロックは県や市の協議会として加盟するが、東京ブロックには都小Pと都中Pが別々に加盟している。

基本的には、単位PTA―郡市区町村PTA連合―都道府県PTA連合―日Pというピラミッド構造だが、県を飛び越え、政令指定都市（人口五十万人以上の市）としての加盟も正会員として認められている。二〇一六年八月現在、日Pのウェブサイトに掲載されている加盟団体数は六十四だが、そのうち十六市、つまり二五パーセントが政令指定都市である。この状況を郡市区町村―都道府県―国という構造が崩れていると見ることも可能だろう。

「朝日新聞」は、「上部団体には負担金を納め、講演会や研究大会への参加動員が行われることも」あり、「脱退を模索する動きが相次いでいる」[27]と報じている。熊本市は二〇一二年政令指定都市への移行をきっかけに、市PTA協議会が県連合会から離脱したうえで日Pに単独加盟した。また岡山市でも、市が〇九年に政令指定都市になったことを機に、国公立小・中学校PTAは県PTA連合会を離れ、一一年から市PTA協議会として活動を始めた。日Pへの単独加盟は認められなかったが、県連合脱退によって、小・中学校合わせて約百九十万円の負担金などが削減されたという。

日Pは現在、会員数を公表していない。一九八〇年代は「全国千五百万会員」[28]を自称していたが、九一年には「全国千二百万人の会員」[29]、二〇〇一年には「全国一千万人の会員」[30]になっている。また現在、会費納入者数は児童・生徒数ベースで八百九十万人とされる[31]。

日本PTA全国協議会の歴史

日Pの前身である「日本父母と先生の会」が結成されたのは、一九五二年十月である。ただし、都道府県の自治体すべてが加入したわけではなく「全国組織とはいうものの、結成を急いだせいもあって、幾つかの地区を未加入のまま残した。（略）当初における未参加地区は、岩手、秋田、奈良、滋賀、山口、香川、高知の七県と、京都、神戸の二大市」[32]であった。

日Pは、一九六八年に創立二十周年記念式典を開催し、以後五年ごとに記念式典を開催してきた。つまり、五二年ではなく四八年を創立年としているのだ。「日本PTAの六十年（沿革抄）」には、四八年六月二十七日に「全国PTA協議会結成総会を開く。以後、結成準備委員会の開催を重ねる」とある。また、六八年五月二十七日の日本PTA創立二十周年記念式典挙行の項には「昭和二三・六の結成準備委員会より起算」とある。[33]つまり、四八年の「協議会結成総会」またはその後の結成準備委員会を創立の時点としているのである。四八年はPTA設置が始まったころである。当時文部省は、PTA設置と並行して、その全国連合組織の設立を希望していた。しかし、連合国軍総司令部民間情報教育局（CIE）の担当官ジョン・ネルソンは、四八年六月の全国PTA協議会結成を目指した集会で、それに反対する意見を述べ、占領期間中は断念せざるをえなかった。

ネルソンの講演内容は次のようであった。「新しいPTAは古い後援会とほとんど変わっていない。（略）行政が、どんなレベルにしろPTAの連合体を後援することは避けなければならない。補助金も行政による統制もしてはならない。（略）PTAの目標に到達せず、民主的な手続きにも従っていないような満足のいかない地域のＰＴＡグループが連合しても、満足のいかない連合体にしかならない(34)」。これは、現在にもあてはまる批判だろう。

全国協議会が実現したのは、占領終了後の五二年十月である。それでも、四八年に日Ｐが創立されたとすることに執着し、創立年を四年さかのぼらせたと考えられる。己の起源をどこに求め、いつとするかは政治的課題であり、この操作は記憶の政治性を感じさせる。

第一回日本ＰＴＡ全国研究大会は一九五三年八月、三重県宇治山田市（現・伊勢市）で開かれ、二千人と言われる参加者があった。「はじめての大会会場を伊勢に選んだことにも問題があったが、第三日に予定されていた伊勢神宮の遷宮祭行事白石献納奉仕に参加するというプログラムは、政治的にも宗教的にも中立であるべきＰＴＡの逸脱であるとして、日教組のみならず各方面から非難のまととなった(35)」。連合軍が去ると、さっそく伊勢市で大会を開催し、伊勢神宮の遷宮祭行事に参加したのは、天皇制国家への追慕を感じさせる行為である。

一九九八年には創立五十周年記念式典が、二〇〇八年には創立六十周年記念式典が東京で開催された。それぞれ皇太子、総理大臣、衆参議院議長、文部（科学）大臣などの出席があり、日の丸掲揚と「君が代」斉唱がある一大国家イベントである。このレベルの式典になってはじめて、国家の組織としてのＰＴＡの姿が現れる。

両大会の祝辞で、皇太子はＰＴＡを「家庭・学校・地域の懸け橋」、内閣総理大臣は「家庭・学校・地域社会を結ぶ懸け橋」「学校と地域の橋渡し」、衆議院議長は、学校・家庭・地域社会の「接点」「学校と家庭とのパイプ役」と発言している(36)。懸け橋やパイプ役という言葉は、ＰＴＡについてしばしば聞かれる表現である。それは、PTA自身が独自の役割を持つのではなく、他の組織を連結・関連させるための手段であることを意味し、それが公式の見解として共有されていることを示している。

興味深いのは、参議院議長だった江田五月による六十周年記念の祝辞である。江田は「教育者に対する信頼が根底から揺らぐ事件も起きています。また、子どもたち自身の「育ち」の過程に対し、大人が身勝手に「育て」だと介入していいのかと思うこともあります。(略)今後ともぜひ、「子ども最優先(Children First)」で」[37]と発言している。それは、PTAの活動そのものに対する批判的視点を含んでいて、大人の勝手な介入を疑問視し、子ども最優先でという希望を述べたものとして異彩を放っている。

否定的な子ども観

日Pは、一九八四年度以降毎年、または隔年で『PTA実践事例集』を出している。全国各地の小・中学校PTAから提出される活動報告を審査し、掲載事例として紹介するものだが、そこに掲載される小・中学校の名簿からは、すべての組織がPTAという名称を使っているわけではないことがわかる。「父母教師会」「父母と教師の会」「父母と先生の会」「育友会」「育成会」「愛育会」「教育振興会」などの名前が散見される。町立・村立の学校もあり、全国の公立小・中学校の多様さが想像される。

しかし、『PTA実践事例集』の「まえがき」は、ほぼ同じパターンで書かれている。例えば、

「子どもたちの問題行動の多発、家庭や地域社会の教育力の低下、学級崩壊、授業の内容・方法に不満を持つ子どもの増加[38]」「いじめや不登校、学習意欲の低下、社会性や規範意欲の欠如、暴力行為、携帯電話やインターネットに絡む問題行動等[39]」が冒頭で述べられる。

さらに詳しく記述するものもある。

子どもたちのものの見方、考え方、感じ方、行動などに目を向けますと、生きるに必要な基本的な生活習慣がきちんと身についていないのではないかとの思いが、保護者・学校関係者の間に日に日に強くなっております。たとえば、日中、屋外で運動や遊びをしなくなった、テレビやゲーム、「ケイタイ」、メールなどに熱中し、生活は夜型に移行し、睡眠も十分にとれない、毎日の食事や栄養の摂取もなおざりにされている。さらに、ひとにあいさつができない、身の回りのことも自分で処理できない、家庭でのお手伝いもきちっとしないなど、望ましい規律ある生活が送られていないとの懸念が高まっています[40]。

こうした否定的な子ども観は、区―都―国のレベルで共通しているが、それは「青少年犯罪・不良化防止」を主眼にした青少年問題協議会の枠組みを示すものである。つまり、ここでの問題は、子どもにあるというよりも、子どもを見る否定的で画一的な枠組みにあると言える。ただし最近は、日Ｐ・文科省ともに犯罪や不良化よりも、基本的生活習慣や規範意識が欠落していると主張する傾向が強くなっている。犯罪行為をおこなう青少年は割合からすれば少ないが、基本的生活習慣に問題があるとすれば、公立小・中学校に通うすべての児童・生徒に介入することが可能になる。

すなわち、前記のような子ども観に続いて、「学校・家庭・地域社会が手を携え合って子どもの教育を行わなければならないことが明白となって参ります」と子どもの教育への介入の必要性を謳い上げる。(41) さらに、「家庭でのしつけや教育の力の弱まりがあることも深く意識されるところとなっています。このため、家庭教育力の回復が強く提唱されるとともに、「早寝・早起き・朝ごはん」の推進運動が社会を挙げて行われています(42)」と、家庭でのしつけへと触手を伸ばす。

もっとも、このような否定的な子ども観には批判もあると見え、「多くの子どもは、勉強に励み、スポーツに汗を流し、地域活動やボランティア活動に参加するなど、健やかに成長しております(43)」と付け加えているものもある。しかし、そうした文言が追加されていてもいなくても、子どもを正さなくてはならないとする結論は同じである。このような内容を読んでいると、「勉強に励み、スポーツに汗を流し、地域活動やボランティア活動に参加」することが「健やかに成長」することなのだろうか、という疑問が湧いてくる。

早寝早起き朝ごはん国民運動

文科省は二〇〇六年から「早寝早起き朝ごはん」を国民運動として進めている。「この運動は、子供たちの基本的な生活習慣の乱れが、学習意欲や体力、気力の低下の要因の一つとして指摘され、社会全体で取り組むべき重要な課題として認識されたことなどを背景に、平成十八年から国民運動としてスタート(44)」した。

それを受け『ＰＴＡ実践事例集』には、「あいさつは、家の中でも近所でも」「あいさつ運動と「早寝早起きしっかりごはん」」「早寝・早起き・朝ごはんの習慣化」「笑顔いっぱいあふれるあいさつ運動」「子どもを守ろうから始まった「あいさつ運動」」「朝起きられるかな運動」「オハヨー大作戦」「ラジオ体操」「六時半、みそ汁運動」「郷土の財産、子どもたちの育みは「地域」とともに」「子どもの基本的な生活リズムを育むＰＴＡ活動」「〝新〟家庭教育宣言の取組」「朝練で鍛える体と心・学校の応援団としてのＰＴＡ[45]」などのスローガンが並んでいる。

こうした運動は、戦前の運動を想起させる。例えば、大政翼賛会埼玉支部で、一九四二年十一月に「新穀感謝行事」がおこなわれた。「新嘗祭は、天皇陛下毎年登熟の新穀を皇祖並に天神地祇に供し給ひ御親ら聞し召させ給ふ祭儀である」。「新穀感謝行事要項」には「工場、食堂、家庭に於ける行事」として「食前、食後の感謝をなすこと」が挙げられ、「感謝の言葉（いただきます、御馳走さまを称へ「もつたいない」の念を徹底強化すること[46]）」とある。

「いただきます」「ごちそうさま」は現在広く普及しているが、そこには臣民の食事を宮中祭祀につなげようとした国家の介入があった。それは見事に成功し、私たちは当然のこととして日に何度もそれを口にし、そうしないのは無礼なことであるかのような感覚を持つに至っている。

文科省は、二〇一二年から表彰制度を作り、優れた実践に対して文部科学大臣表彰をおこなっている。また、「早寝早起き朝ごはん」全国協議会が設立され、「早寝早起き朝ごはんニュースレター」を発行するほか、「楽しい子育て全国キャンペーン」では、「早寝早起き朝ごはん」全国協議会会長賞を授与している。一六年三月には、東京で「早寝早起き朝ごはん」全国フォーラムを開催するなど、運動の活性化が図られている。

伝統と郷土

『PTA実践事例集』には、地域を伝統行事・郷土芸能がおこなわれる場とする考えと、「伝統的共同体」を道徳教育の場とする思想も見られる。例えば、各地PTAの取り組みの題名として「守ろう伝えよう　わたしたちのはねこ踊り」「昔の遊びを知らない子どもたちへ」「「いのくらまつり」への積極的な支援と協力」「地元の伝統芸能の鑑賞」「棚田での米作り」「郷土芸能伝承活動」「伝承芸能でふるさと興し」「愛郷心を育む体験活動の工夫」などがある。

それぞれの学校区や地域には固有の伝統があり、教育的な意味を持つかのようである。しかし、歴史をさかのぼれば、日露戦争後の地方改良運動では「古風」「旧俗」は、いかに共同体的関係を内包し、団結力に富み、協同一致の精神に富んでいても、断じて許容されなかったのであり、[47]旧来からの生活慣行を「弊風」と捉えて改良、もしくは「陋習」「悪習」として禁止した過去がある。[48]地方改良運動の一環として全国的に町村合併が進められていくが、村のなかでも共通の慣習があったわけではなく、「人々の持つ民俗の微細な違い」[49]があった。慣習や伝統は、必ずしも現在の校区や行政区単位で固有のものだったわけではなく、常に望ましいとされていたわけでもない。

地域に伝統行事・郷土芸能を重ね合わせる考えも、大政翼賛会文化部に先例を見ることができる。「地方文化振興」の「指導的目標」は「第一には、あくまでも郷土の伝統と地方の特殊性とを尊重」することであり、「第二には、従来の個人主義的文化を止揚し、（略）社会的集団関係の緊密性を益々維持増進せしめ、郷土愛と公共精神とを高揚しつつ、集団主義文化の発揚をはかり（略）我が家族国家の基底単位たる地域的生活協同体を確立すること」[50]であるとされた。同様の目的のもとに、現在のようなＰＴＡ活動が奨励されていると考えられる。

地域組織

『ＰＴＡ実践事例集』の末尾には、「参考」として文科省や厚生労働省が進める事業、中央教育審議会の答申などが掲載されている。文科省の事業としては地域運営学校（コミュニティ・スクール）制度、学校支援地域本部事業、地域教育力再生プラン、地域子ども教室推進事業、放課後子ども教室推進事業、子どもの生活習慣づくり支援事業、訪問型家庭教育相談体制充実事業などを挙げている。どれも「地域」を学校に取り込もうとする事業だが、互いに重複し、わかりにくい仕組みになっている。

地域運営学校は、「新しい公共」という概念に基づき「学校と地域の人々が協働」する制度である。「教職員、保護者、地域住民等が、共有した「子ども像」を実現する」ことを目指すが、「得られる成果」として子どもたちの「生きる力」をはぐくむ（地域の望む子ども像の実現）、学校を核として地域の活力が向上する、地域の基礎力が高まるなどを挙げている。さらに、地域運営学校には「保護者・地域の皆さん・教育委員会・校長等」からなる学校運営協議会を設けている。その主な役割の一つは「校長の作成する学校運営の基本方針の承認」である。[51]つまり、「地域」を巻き込んだうえで、校長の権限を高めるシステムと言えるだろう。地域運営学校に指定される学校は年々増え、二〇一四年には千九百十九校を数えた。杉並区では、一五年十月現在、二十の小学校が指定を受けている。

A小学校も様々な地域組織に取り巻かれていた。なぜ学校はシンプルであることができないのか、なぜ煩雑な組織が必要なのか、親たちには理解しがたかったのだが、それは国家のレベルで考案・実施されていることなのである。

4　文部科学省・内閣府・政府審議会

望まれる子ども像

生涯学習審議会は一九九九年六月、「生活体験・自然体験が日本の子どもの心をはぐくむ」とする答申をおこなった。そこでは、道徳観・正義感・倫理観を持っている子ども、健康で優れた体力を備え「生きる力」を持つ子ども、手伝いをする子ども、スポーツを好む子どもなど、理想の子ども像が描かれている。そして、「私たち地域の大人がこぞって意図的・計画的に子どもたちを様々な職業体験やものづくり、伝承遊びなど地域に根ざした活動に参加させ、子どもたちがこれらの活動を通して、郷土への理解や愛着を深め、しつけを体得し（略）なければならない」としている。それは「学校の成績だけで評価され」ない価値でもある。[52]「地域の大人がこぞって意図的・計画的に」子どもに介入するというのだが、「学校の成績だけで評価され」ないというのは、必ずしも秀才ではなくてもいいということだろう。

さらに、子どもの身体への介入もおこなわれていく。二〇〇二年九月の中央教育審議会で「〝健康三原則〟（調和のとれた食事、適切な運動、十分な休養・睡眠）の徹底」が答申された。「〝健康三原則〟にのっとった生活習慣の改善が促進されるよう、校長のリーダーシップの下、組織として一体となって取り組む(53)」ことが重要だとされた。また、「国民の健康の保持・増進を図るため、昭和三年に「ラジオ体操」を、平成十一年九月には「みんなの体操」を制定し（略）、夏休み期間中においては、全国四十三会場で、夏季巡回ラジオ体操・みんなの体操会を開催しており、小学生を中心としたラジオ体操等の普及と青少年の健康づくりに貢献している(54)」という。

なぜA小学校では、夏休み早朝ラジオ体操がおこなわれているのかは、内閣府の白書を読んではじめてわかる。それは国家レベルの政策であり、青少年育成委員会や町内会、PTAが全国各地で実行していることなのだ。国家が望ましいとするものからは、道徳観、正義感、倫理観を持ち、よく手伝い、必ずしも成績優秀ではないが、スポーツ好きで健康、地域に愛着を持ち、公共心・愛郷心に富むという「体育会系」の子ども像が浮かんでくる。子どももそれぞれの個性を伸ばすのではなく、国家にとって好ましい特定の人間像が目指されている。

こうした方向は、一九九〇年代末以降、顕著になったことで、八〇年代との違いは際立っている。例えば八五年六月の「教育改革に関する第一次答申（抄）」で「基本的な考え方」として挙げているのは、「個性重視の原則」「基礎・基本の重視」「創造性・考える力・表現力の育成」「選択の機会の拡大」「教育環境の人間化(55)」などである。私たちは、大きな変化のただなかに立たされている。

奉仕活動・体験活動

二〇〇二年に中央教育審議会は「いじめ、暴力行為、ひきこもりなど青少年をめぐり様々な深刻な問題が生じており、子どもたちの精神的な自立の遅れや社会性の不足などが見られる。（略）社会の構成員としての規範意識や、他人を思いやる心など豊かな人間性をはぐくんでいくためには、社会奉仕体験活動[56]」が必要という答申をおこなった。

文科省も二〇〇四年度の『文部科学白書』で、「近年、我が国は、核家族化や少子化、都市化などの伸展に伴い、多くの地域でかつての地縁に基づく地域社会の変容が指摘されており、個人と社会とのかかわりが薄らぐ中で、地域社会が直面する様々な課題に適切に対応することが難しくなってきています。このような中、青少年が社会性や、豊かな人間性、そして他人を思いやる心などをはぐくんでいくためには、発達段階などに応じた様々な奉仕活動・体験活動の機会を充実させることが有意義です[57]」としている。

これらで謳っている「奉仕活動・体験活動」は、子どもだけを対象にしているのではない。「国民一人一人が、「奉仕活動・体験活動」を日常生活の中で身近なものととらえ、相互に支え合う意識を共有し活動を重ねていくことができるような環境を、皆で協力して作り上げて行くことが不可欠[58]」だとされる。近年のボランティア活動やＮＰＯ活動に言及した後、「個人が社会の一員であることを自覚し、互いに連帯して個人がより良く生き、より良い社会を創るための活動に取り組むという、従来の「官」と「民」という二分法では捉えきれない、言わば新たな「公共」のための活動

（略）、個人や団体が支え合う新たな「公共」を創り出すことに寄与する活動を幅広く「奉仕活動」として捉え、個人や団体が支えあう新たな「公共」による社会をつくっていくために、このような「奉仕活動」を社会全体として推進する必要がある[59]」と述べている。ボランティアやＮＰＯ活動などが活発化するのを見て、「新たな「公共」を創りだすことに寄与する活動」＝奉仕活動というアイデアを得たのだ。それは、市民の「自発的行為」を奉仕として取り込もうとするものと言えるだろう。

「個人や団体が支えあう、新たな「公共」に寄与する活動、具体的には「自分の時間を提供し、対価を目的とせず、自分を含め他人や地域、社会のために役立つ活動」を（略）幅広く「奉仕活動」と考える。（略）こうした観点から見れば、実際、我々の周りには、様々な種類や形態の活動が存在している[60]」のだという。そして、「新たな「公共」を担う「奉仕活動」の例」として、保健・医療・福祉の増進を図る活動、教育の推進を図る活動、まちづくりの推進を図る活動、文化・芸術・スポーツ振興を図る活動、環境保全を図る活動、災害救援活動、地域安全活動、人権擁護・平和推進を図る活動、国際協力活動、男女共同参画社会形成の促進を図る活動、子どもの健全育成を図る活動、以上の活動をおこなう団体などの運営または活動に関する連絡、助言、援助を挙げている[61]。

これらは特定非営利活動促進法による分類を参考に作成された多様な活動であり、社会生活を「新しい公共」と「奉仕」の観点から再編しようとするものとも言えるだろう。ただし、前記の答申には「豊かな市民社会」「自立や自我の確立」など、全体の主張とはそぐわない言葉もちりばめられている。

戦前の母の会が「奉仕と修養」を目的とすることは明言されていたが、PTAに関して、それは長らく隠されてきた。しかし、最近になって政府は、PTA会員に向かってではなく、中央教育審議会答申という形ではあるが、「子どもの健全育成を図る活動」は奉仕活動であると明言したことになる。そのなかで「当面緊急にしなければならないこと」として、「全国津々浦々で地域に根ざした子どもたちの体験活動を展開する」ことを挙げ、実施にあたっては「市町村におけるPTA、青少年団体の関係者、企業・地場産業関係者、自治会の代表者、その他関係機関・団体(JA、JC、老人クラブ等)、教育委員会等行政関係者などで構成されるネットワーク組織を作って進める」[62]ことが必要だとしている。PTAはネットワークの一つとして言及されている。JAは農業協同組合、JCは日本青年会議所である。

PTAの役割

地域統合を進めるうえで、学校はその中心的存在である。「学校に対する地域社会の支援の拡充のためには、地域の人々が、自分たちの学校として愛着を感じ、学校の問題を共有しようとする気持ちを持つことが大切である。(略)このためには、PTA活動の一層の活性化が不可欠である。PTAは、学校からの求めに応じ学校の諸活動に必要な支援・協力を行うとともに、学校を取り巻く課題を十分把握しながら、会員自らがやりがいを感じられるような、自主的な事業に取り組むことが重要である」[63]とPTAが果たすべき役割を強調していく。ここでもPTAは、地域統合のための道具という位置づけである。「学校からの求めに応じ」「必要な支援・協力を行う」のだが、それは同時に、「自主的な事業」でもあることが望まれている。

このような「自主的な事業」であるべきものに対して、文科省は「ＰＴＡ活動の充実を図るため、（略）市町村がＰＴＡと協力して行う青少年の健全育成のための各種の地域活動事業に対して補助を行っている。さらに、テレビ・ビデオ等のメディア上の有害情報から子どもを守るため、ＰＴＡが平成十年度から実施しているテレビ番組の全国モニタリング調査を支援している[64]」。「健全育成のための各種の地域活動」は、ＰＴＡがおこなうのではなく「市町村がＰＴＡと協力して行う」とされているが、それは文科省が「補助」をしている活動である。ＰＴＡが実施するテレビ番組のモニタリング調査も、文科省が支援している。それらは、国家レベルでの施策なのである。過去におこなわれた「テレビ俗悪番組の追放」や「好ましい番組ベスト10、ワースト10」「俗悪テレビ番組追放シール」作成、「有害図書の排除」は、日Ｐが取り組んだ活動であり、それを受けてＰＴＡが実行した[65]。各地のＰＴＡは、国家の方針に従って活動していたのである。

さらに文科省は、報奨制度を用意して行動に報いる。一九五五年以降、すぐれた活動をしたＰＴＡに優良ＰＴＡ文部科学大臣表彰をおこなっている。よいＰＴＡは、国家に表彰されるのだ。

注

（１）杉並区立小学校ＰＴＡ連合協議会／杉並区立中学校ＰＴＡ協議会／杉並区教育委員会編『小・中ＰＴＡ活動のあゆみ――平成24年度の活動記録：ＰＴＡ活動の発展のために』杉並区教育委員会学校支

援課学校支援係、二〇一三年、二ページ
（2）前掲『PTAハンドブック2013』四二ページ
（3）同書五ページ
（4）前掲『小・中PTA活動のあゆみ――平成24年度の活動記録』一五―一六ページ
（5）同書六―七ページ
（6）「杉並区立小学校PTA野球連合協議会」（http://sports.geocities.jp/sjpbc_pta/）［アクセス二〇一六年五月八日］
（7）前掲『杉並区教育史』下、六三二ページ
（8）同書六三二ページ
（9）同書六三二―六三三ページ
（10）杉並区立小学校PTA連合協議会編『杉並区立小学校PTA連合協議会50周年記念誌』二〇〇二年、杉並区立小学校PTA連合協議会、一二ページ
（11）東京都公立幼小中高40周年記念事業資料作成実行委員会編『東京都公立幼小中高PTA創立40周年記念誌』東京都公立幼小中高PTA連絡協議会、一九八八年、五六ページ
（12）同書五六ページ
（13）同書五六ページ
（14）同書五六―五七ページ
（15）同書五七ページ
（16）同書五七ページ
（17）同書五六―五七ページ

(18) 同書五八ページ
(19) 同書五七ページ
(20) 同書五八ページ
(21)「どうする？ PTAの上部団体」「朝日新聞」二〇一二年六月九日付
(22) 三井為友「日本PTAの出発」、三井為友編『日本PTAの理論』(「日本の社会教育」第十二集)所収、東洋館出版社、一九六九年、一一ページ
(23)「東京都小学校PTA協議会」(http://www.ptatokyo.com/)［アクセス二〇一六年十二月十五日］
(24)「こころの東京ルール」(http://www.kokoro-tokyo.jp/7/index.html)［アクセス二〇一六年十二月十五日］
(25)「PTA東京」第二十五巻第二号、東京都小学校PTA協議会、二〇一四年(http://www.ptatokyo.com/reportmagazine/documents/ptatokyo201403.pdf)［アクセス二〇一六年十二月十五日］
(26)「PTA東京」第二十七巻第一号、東京都小学校PTA協議会、二〇一五年(http://www.ptatokyo.com/reportmagazine/documents/ptatokyo201511.pdf)［アクセス二〇一六年四月十二日］
(27)「どうする？ PTAの上部団体」「朝日新聞」二〇一二年六月九日付
(28) 日本PTA全国協議会資料作成委員会編『80年代のPTA像』日本PTA全国協議会、一九八一年、二二ページ
(29) 日本PTA創立50周年記念誌委員会編『日本PTA創立50周年記念誌――新しい時代を拓く』日本PTA全国協議会、一九九九年、五ページ
(30) 記念誌編纂委員会編『日本PTA創立60周年記念誌』日本PTA全国協議会、二〇〇九年、五ページ

(31) 前掲「どうする? PTAの上部団体」
(32) 前掲「日本PTAの出発」三九ページ
(33) 前掲『日本PTA創立60周年記念誌』二四〇ページ
(34) 井上恵美子「占領軍資料にみる日本へのPTAの導入過程」、PTA史研究会編『日本PTA史』(学術叢書)所収、日本図書センター、二〇〇四年、七七ページ
(35) 前掲「日本PTAの出発」四一ページ
(36) 前掲『日本PTA創立50周年記念誌』六―八ページ、前掲『日本PTA創立60周年記念誌』六―八ページ
(37) 前掲『日本PTA創立60周年記念誌』九ページ
(38)「まえがき」、日本PTA全国協議会資料作成企画委員会編『PTA実践事例集20――学校運営に積極的に参加するPTA:学校運営への支援・協力・参加』所収、日本PTA全国協議会、二〇〇四年
(39) 日本PTA全国協議会資料作成企画委員会編『PTA実践事例集24――広域的なPTA活動の充実:社会の変化に対応する健やかな子どもの育成』日本PTA全国協議会、二〇〇八年
(40)「まえがき」、日本PTA全国協議会編『PTA実践事例集25――子どもの基本的な生活習慣の確立をめざして』所収、日本PTA全国協議会、二〇〇九年
(41)「まえがき」、前掲『PTA実践事例集20』所収
(42)「まえがき」、前掲『PTA実践事例集25』所収
(43)「まえがき」、前掲『PTA実践事例集24』所収
(44)「早寝早起き朝ごはんニュースレター」第十五号、「早寝早起き朝ごはん」全国協議会、二〇一六年
(45) 前掲『PTA実践事例集25』一七六―一七八ページ

(46) 赤沢史郎／北河賢三／由井正臣編集・解説『大政翼賛会』(「資料日本現代史」第十二巻)、大月書店、一九八四年、三九一ページ（原文はカタカナ）
(47) 宮地正人『日露戦後政治史の研究——帝国主義形成期の都市と農村』東京大学出版会、一九七三年、七〇ページ
(48) 笠間賢二『地方改良運動期における小学校と地域社会——「教科ノ中心」としての小学校』(学術叢書)、日本図書センター、二〇〇三年、二八二ページ
(49) 小国喜弘『民俗学運動と学校教育——民俗の発見とその国民化』東京大学出版会、二〇〇一年、六三ページ
(50) 北河賢三編『大政翼賛会文化部と翼賛文化運動』(「資料集 総力戦と文化」第一巻)、大月書店、二〇〇〇年、六—七ページ
(51) 日本PTA全国協議会資料作成企画委員会編『PTA実践事例集21——家庭のしつけ・教育を見直し、充実させるPTA活動』日本PTA全国協議会、二〇〇五年、ページなし
(52) 平成十一年六月九日生涯学習審議会「生活体験・自然体験が日本の子どもの心をはぐくむ」(答申)、生涯学習・社会教育行政研究会編集『生涯学習・社会教育行政必携　平成20年版』所収、第一法規、二〇〇七年、四〇八ページ
(53) 前掲『PTA実践事例集20』一七一ページ
(54) 内閣府編『青少年白書 平成15年版——青少年の現状と施策』(「暮らしと社会」シリーズ)、国立印刷局、二〇〇三年、七六ページ
(55)「教育改革に関する第一次答申 昭和六十・六・二十六」、生涯学習・社会教育行政研究会編『生涯学習・社会教育行政必携 平成24年版』所収、第一法規、二〇一一年、四七—四九ページ

(56)平成十四・七・二十九 中央教育審議会答申「青少年の奉仕活動・体験活動の推進方策等について」、生涯学習・社会教育行政研究会編『生涯教育・社会教育行政必携 平成20年版』所収、第一法規、二〇〇七年、五〇八ページ
(57)文部科学省編『平成16年度文部科学白書――「生きる力」を支える心と体』国立印刷局、二〇〇五年、二七ページ
(58)「青少年の奉仕活動・体験活動の推進方策等について(平成十四・七・二十九 中央教育審議会答申)」、前掲『生涯学習・社会教育行政必携 平成20年版』所収、五〇六ページ
(59)同書五〇八ページ
(60)同書五一〇ページ
(61)同書五一一―五一二ページ
(62)平成十一・六・九 生涯学習審議会「生活体験・自然体験が日本の子どもの心をはぐくむ(答申)」、同書所収、四〇九ページ
(63)「地域における生涯学習機会の充実方策について(答申)平成八・四・二四」、生涯学習・社会教育行政研究会編『生涯学習・社会教育行政研究必携 平成12年版』第一法規出版、二〇〇〇年、三二一ページ
(64)前掲『青少年白書 平成15年版』七二ページ
(65)前掲『日本PTA創立50周年記念誌』五五―五六ページ

第3章　PTAの歴史

1　小学校母の会

ここでは、一九四一年に著された久保田亀蔵の『国民学校母の会の実践』[1]（以下、『母の会の実践』と略記）を取り上げ、PTAとの関連を考察したい。

一九二〇年代半ば以降、母の会、母姉会などが各地で組織されていった。三七年に日中戦争が勃発すると、国民精神総動員運動が始められた。そのなかで文部省は各種教科団体の組織化の一環として、母の会設置を奨励し、総力大戦下での家庭教育実践網の確立を目指していった。[2] 三九年九月、文部省は「家庭教育の振興と小学校母の会の活用に就て」と題するパンフレットを発行、その内容は「国家総力の飛躍的増強」を図り、「皇運を扶翼」するために、子女教育の基盤である家庭教育の刷新を求めるものであり、「完璧な家庭教育実践網を築くためには、全国津々浦々にある小学校に母の会を設置することが最も実現性があり、且つ効果的である」[3]としていた。

一九四一年四月に国民学校令が出され、尋常小学校が国民学校と改称された。国民学校の目的は、教育勅語を教育の中心に据え、天皇制国家における臣民としての修練を小学生に与えることである。こうした文脈で著されたのが、『母の会の実践』である。国民学校令公布を受けて学校ごとに設けられることになる母の会について書かれたもので、文部省の方針を支える内容であった。久保田は、三一年に東京・鉄砲洲小学校で母の会を設立後、三五年に校長として赴任した東京・京橋の泰明小学校でも六年をかけて母の会を興した人物である。

『母の会の実践』は、学校教育と家庭教育の関係から始まる。「学校教育が専門化された為めに、教育は主として学校が之を行ふ事になった。従って各家庭では一切を先生に任せ、それで児童は立派に育つと考えた所に大きな誤りを産んだ[4]」と問題提起する。この「学校教育一任の傾向」は、一九三〇年代にしばしば社会問題として取り上げられていたことである。「学校は家庭の延長であり、家庭は学校の延長である観点から師親一体の教育こそ真の教育[5]」であると久保田は説く。そして、「母は最も優れた教育者」「殊に我が国の母親は世界第一等の教育者[6]」と母を持ち上げる。

しかし、「明治以来の女性が欧米化して純日本的な風を捨てた所に今日の悩みがある[7]」という。母を持ち上げてはいるが、久保田の視点は「男尊女卑」である。すなわち、「保護者会と母の会とは、一家に於ける主人と主婦の関係と同一であるから、何処迄も内助の役をつとめ」るのだという。「仕事が自ら異なる訳で、母の会が保護者会で為すべき事業まで取り入れては誤っている。勿論対立して相競う様なことでは断じてならぬ。この意味から保護者会長を母の会長とすることが穏当である。保護者会役員は、母の会の顧問又は相談役となし大体保護会の下にあって指揮命令に従ふようにすれば万事都合がよい[8]」と結論づける。ここで保護（者）会は、男性の会の総称として使われている。

また、「真に教育報国、母性の天業翼賛活動としての母の会は、第一に教育者の掌中にあるべきものである[9]」とも書いている。教育者は学校長や先生を指し、「教育報国」を目的とする母の会はその下に置かれる。

明治末から大正にかけて「欧米の教育主張の輸入」が進んだ。久保田も青年教師として「その研究に没頭し（略）担任学級に実施した。当時は得意に新しがった」。なかでも、「一番青年教師に魅力のあったのは自由主義的教育で、今日之を思ふて恐ろしさを感ずることさへ平気で行った[10]」という。かつて自由主義的教育に心酔したものの、それとは決別し「国粋化」したという経歴の持ち主である。国民学校によって「国民は初めて復古の精神、即ち日本人の古来の精神に立ちかへることが出来た[11]」という主張には、久保田自身の経験が反映されているのだろう。

母の会の経営実践にあたって中心になるのは、「従順」かつ「すなほでしとやか」な人である。特に母の会は「親和協同を基」とし、「権力を競ったり、名誉を望んだりするのでないから、どこ迄もすなほでなければならぬ[12]」。また、「事業団体でもなければ社交団体でもないから、権利を主張したり義務を負ふやうな性質のものではない。（略）どこ迄も子女の教育を中心として母自体の修養を主眼とするもの[13]」である。母の会が、事業団体ではなく母自体の修養を目的とすることは繰り返し強調された。現在のＰＴＡが他の地域組織に従属させられ、主催する事業を持たない理由はここに源流があるだろう。

修養を目的とする会なので、規約など「無くても一向差支えないの」だが、「何か一定の申合せを為しおく方、幹事に便利である」として、泰明母の会規約を掲載している。冒頭に置かれているのは、「子女の教育と、会員相互の親和と修養とを図るを目的とす」である。「母の会は何処までも会員相互の親和を最初の仕事とし、（略）一人も傍観する者のないやうに会を運営する」「学校母の会の性質上全部会員でなくては成り立たぬ。即ち子女を学校に託する限り、会員たるの義務を持つものでなければならぬ[14]」という。すなわち、全員参加である。

主な事業として、「毎月の例会、春秋二回の親子連れ遠足、会員及家族の弔慰、会員家族中の入営祝賀、講演会・実修会・研究会開催、夏季及冬季中特別施設の援助、学校課外指導部の援助（理科部、図書部、音楽部、剣道部、薙刀部、お習字会、少年団）、学校給食の援助（略）、学校の母子共同勉学（略）、会報（親心）の配布（略）、国防献金、陸軍病院慰問、白衣勇士の招待慰安会、学校行事に参加（運動会、遠足、伊勢参宮等には全く児童と同一行動をとる[15]）」を挙げている。なかには入営祝賀、国防献金、陸軍病院慰問、白衣勇士の招待慰安会など、戦時色が濃い活動もあるが、その他は、現在のＰＴＡと共通している。

その他にも、母の会の事業として子女のしつけに関する問題、子女の衣食住・学用品・学校教育方針の理解についての事項、家庭生活に関する事項、特に健康増進に関する事項、不良防止、時局教育、皇軍将兵、敬神崇祖、隣組町会（郷土）に関する事項を挙げている[16]。このなかで、時局教育と皇軍将兵、敬神崇祖を除けば、その他の事項は現在のＰＴＡに引き継がれている。「不良防止」

は、青少年問題協議会の中心課題であり、現在の青少年育成に続いている。それは、戦後の混乱期の青少年非行の激増などへの対策と説明されているが、戦前から皇民づくりの一環として存在していた。

　また、前記では「隣組町会（郷土）に関する事項」が母の会の事業の一つとされている。つまり、隣組町会＝郷土である。「郷土という土に立つ母の会は、地縁を深く生活の根底として、皇国民の練成を図る」[17]とも説明している。「隣組町会（郷土）」は現在の地域に近いだろう。

「母の会の主眼とする所は「和」の精神涵養にあります。（略）自分勝手とか自個《（ママ）》本位とかの振舞をせずに、一意専心、会員相互の親和、学校と家庭との協力一致、各家庭内の融合一体、隣組町会の親睦協和を図ることに努められたいそれが親たり母たるの道[18]」である。「自分勝手」「自己本位」というのは、欧米の自由主義や個人主義の特性であり、その対極に位置するのが「和」の精神である。母は家庭でも学校でも隣組町会でも、「和」の心を持って「親和」「協力一致」「融合一体」「親睦協和」を図ることが求められる。つまり、協調である。

　また、「家庭の婦人として、或は隣組の一人として、或は婦人団体の一員として相当に修養が積んで居ることではあるが、ともすれば観念的で、やれば出来る。心得ては居る程度のもので、（略）何時も道に外れぬということは中々困難なことである。そこに絶えざる修業の必要のあるわけ」だと説く。修業と修養は、奉仕に近い。「奉仕の精神を日本的に考へるならば、自分を「よりよき日本人」に磨きたい為めに行ふ仕事である。故に自分の修業が本体で、御奉仕をさせて戴くのである。仕へるのだから（略）、そこに自分勝手といふことが些かも無いわけである。（略）御仕事が多い程修業になる。いやな御仕事に当る程磨かれる。（略）黙って紙屑一つ拾ひのけても、前の道路を掃いても立派に奉仕となり。他人の履物を揃へて上げても奉仕になる。然し母の会で余り外へ出て社会事業に暇を費すことや、家庭外の仕事に参加することが頻繁になると反って害となる[19]」と警戒する。

久保田は、泰明小学校母の会に先立って、鉄砲洲母の会を創設した。「文化発展、協力親和を図るには、幹事を町内別に選出させるのがよいので、各町会長に依頼して有力なる母親を二名づつ選出させそれに学校側から二名の女の先生を幹事として都合十四名の人達で運営することにした」。会長は、町内会会長かつ保護者会会長である。母の会は「当然町会と関係がある。町の文化発展という点から見れば全く同一の役目を持つものである。従って常に町会の仕事を援助することに努力する[20]」。つまり、母の会と町内会には「当然」関係があり、同一の役割を持つものの、同一の立場にはない。前者が後者の「仕事を援助」、つまり手伝うという関係である。

母の会には会費があるが、「町会等から一部の補助を受けることは結構だ[21]」という。これは現在、町内会が地区班子ども会を金銭的に援助していることにつながるものと思われる。久保田は、母の会と町内会隣組の関連をしばしば記述している。なぜＰＴＡと町内会が関連づけられ、前者が後者を手伝ったり、後者から金銭的援助を受けたりするのかという疑問に対する答えは、こうしたところにあるだろう。

「東京市教育局社会教育課では、全市の母親教育の為めに家庭教育講座を設け、指導者となるべき人物養成に努力されている。即ち全市三十五区を五つに区分し、区域内より約百名の参加者を募り二週間に亘って講話と行とをいたして居る。十五年度に五回行って一通り完了し（略）修了者は六百名に達し夫々学校町会、隣組等に活躍して居」るという[22]。東京市を五つのブロックに分け、家庭教育講座がそれぞれの場所でおこなわれたが、指導者養成講座で学んだことは、町内会や隣組での活動にも生かされる。

奥村典子は、母の会で講演会や講習会が実際にどの程度おこなわれたのかを調べている。現在残っている資料から、東京市教育局主催で一九四〇年度は七回、四一年度は二十四回の催しがあったことがわかる。教育講座や月例講座、そして四一年度には映画会も六回持たれた[23]。四一年度は、月に二回程度の催しがおこなわれていたことになる。現在のＰＴＡのように、多数の会議や会合への参加は、当時はなかったようである。

組織案

久保田は、母の会の組織の仕方についての重層的な構想を持っていた。一つは、学級中心の母の会で、学級の担任教師を中心として学級の母親を結び付けるものである。学級が集まって学年母の会になり、六つの学年全体が結合して全校母の会になる。その統率者は校長であり、学年母の会の統率は学年主任が担う。ここでは、学級—学年—学校という系統が構想されていて、ＰＴＡの細部に至る系統へのこだわりの底流には、こうした構想があると思われる。また、「庶務、会計、記録の係を分担」「役員は会員の互選によって幹事（世話人）を選出」「幹事中より幹事長を互選」など、現在のＰＴＡにも続く組織案が述べられている[24]。

二つ目は「地域中心母の会」で、「隣組、町会を中心」とする。つまり、地域＝隣組・町会である。大きな町会で多数の隣組を有する場合は、いくつかの分会に分ける。その際、「学校は常に指導の立場に立ち、全職員を夫々町内及隣組に分属し系統的に統括する」としている。「学校長統率のもとに、町別担任職員を置き、その下に分会担任職員を配置」し、「町会及各種団体の代表者は顧問又は相談役となること前に同じ」である。町内会と学校、母の会を連結しようとする方法である。ただし、「これは相当の困難を伴ふものであるから、よくよく土地の事情を見て掛らねば失敗する」とし、折衷して両者の長所を取り入れたものがいちばんよいとしている。[25]

久保田は、全国的な系統組織の案も考えていて、「文部省、府県、市町村の縦の系統と青年学校、青少年団、同窓会中等学校報国隊、産業報国隊、婦人会、大政翼賛会、其他社会事業団体等の横の関係」にも言及しているが、東京市についてはより詳しく記述している。主管事務として、教育局（社会教育課）―区教育課（区青年教育係）―学校という系統を考え、「命令が一途に出るやうにせねばならぬ」として、命令系統という性格を持たせた。[26] 現在、東京ではその構想どおり、都教育委員会―区教育委員会―学校という系統が確立している。

久保田は、図でこの系統を示している（図1）。「東京市教育局（母の会）」の横に市連合母の会、市校長会、校外教育研究会、帝都教育会、其他婦人団体を並べる。その下に「区社会教育課（母の会）」を置き、横に区連合母の会、区教育会、区青少年団、区内青年学校、其他婦人団体を並べる。いちばん下の「学校教育課（母の会）」の横には、同窓会、保護会、青少年団、町会、其他団体が並ぶ。[27] 母の会が、市教育局、区社会教育課、学校教育課に付随する会であること、それぞれのレベルで連合すること、他の様々な団体・組織に関連づけられることが図で示されている。ＰＴＡが縦横の煩雑な団体に取り巻かれていることの理由は、こうした構想に基づくものだろう。

母の会の経営

「母の会の経営は非常にむつかしいので、それが為めに苦境に立った学校も少くない。（略）教室内で子供相手に教育するのとはまた別の意味で骨が折れる為めに、手をつけない向も大分にある」

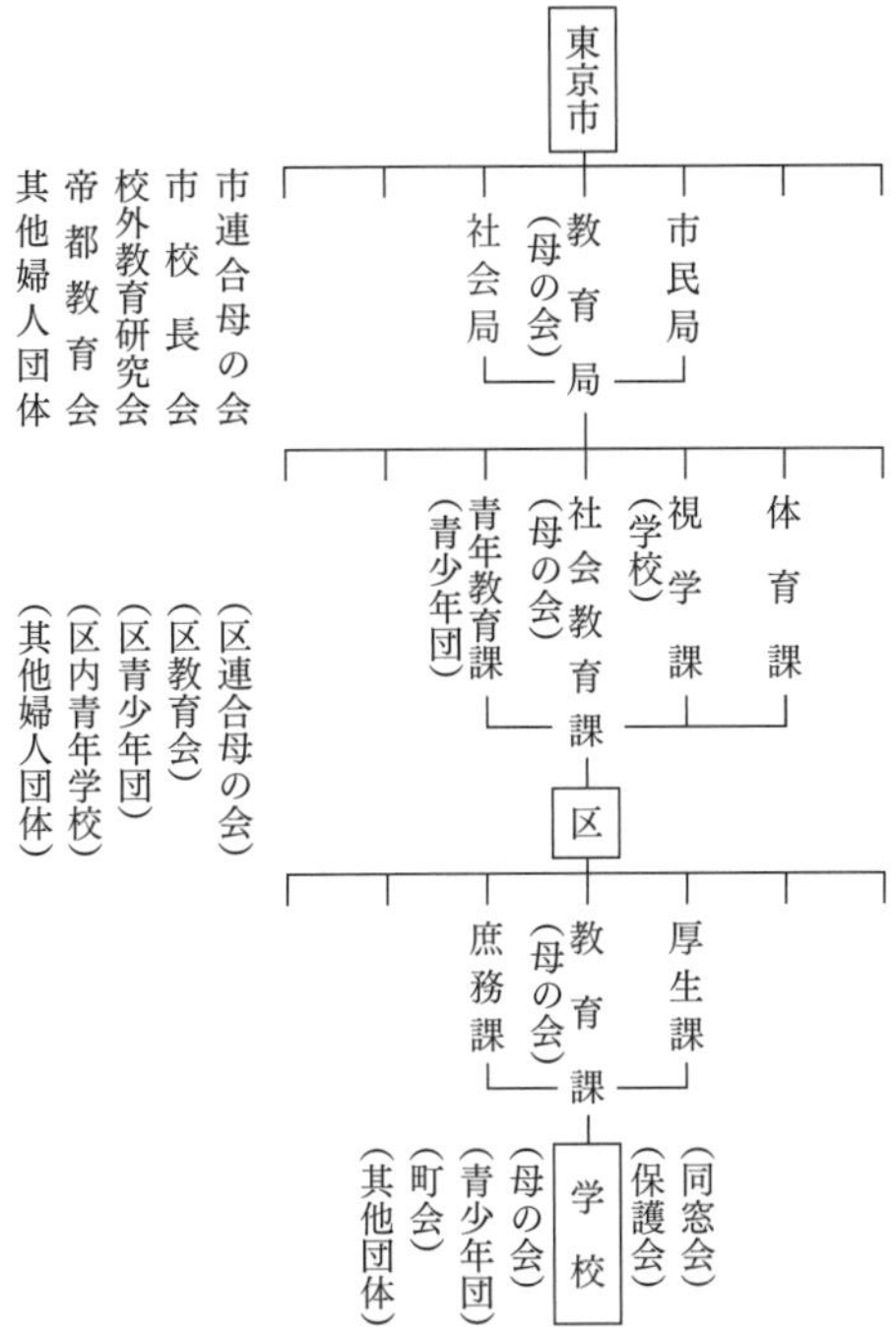

図1　母の会の組織系統図
（出典：久保田亀蔵『国民学校母の会の実践』麹町酒井書店、1941年、196ページ）

というように、母の会を厄介視して好まない学校もある。しかし、「それは根本精神を忘れた婦人の集合体であったから（略）会員の修養でなくて、事業団体であったから」であり、それを「邪道」と久保田は批判を加える。(28)

この時期にはすでに、愛国婦人会と国防婦人会、連合婦人会を一本化した大日本婦人会が発足していた。「今般発足した大日本婦人会は、やがて組織的に大発展するであらうし、又母の会員が同時に婦人会員となるのであるから、いつも先覚者たるの矜りを持ち、率先実践するやう務むべきである」と、久保田は説く。また、「地方によっては、家庭衛生会とか、家庭改善会とか、婦人修養会とか種々の会があることと思ふが、何れの会に関係しても、母の会員が模範となり中心人物となって正しく浄く進めて行く様にあらせたい」としていて、あくまでも母の会が「先覚者」であり、「模範」「中心」となって活動していくことを考えていた。(29)

文部省は、母の会設置を奨励したが、実現のための具体的な方針や施政は出さず、他の教科団体との差異や特質が何であるのかも明確にはしていなかった。結果として、活動の内容は学校の判断に任され、全体としての統一は図られず、ばらつきがあるものになったという。(30)

母の会は、すべての国民学校に作られていたわけではなく、全国的な連合もなかった。全国的に普及するのは、戦後、ＰＴＡと名前を変えてからである。つまり、天皇制国家から民主主義国家への移行によって、天皇制時代の構想が実現・普及したことになる。母の会とＰＴＡの主な共通点は、奉仕と修養、協調、親睦を目的とすること、縦横の組織に組み入れられ、それらに従属することである。主な違いは、母の会では家庭の外に出すぎることが警告されていて、現在のように多数の会議・会合への参加は求められていなかったことである。

東京市連合母の会

皇紀二千六百年（一九四〇年）六月、京橋の泰明小学校講堂で東京市連合母の会（以下、連合母の会と略記）創立発足会が開かれた。会長は東京市教育局長で、文部大臣、東京府知事、東京市長、帝国教育会などから祝辞があった。式は「国家《（ママ）》奉唱、宮城遥拝、祈念」で始まり、「明治天皇御製を一同声高らかに奉詠し、金剛石の歌を合唱し」、「熱烈」で「力強い」閉会の辞で終わった(31)。明治天皇御製は明治天皇が作った和歌、金剛石の歌はその妻、昭憲皇太后作の歌である。連合母の会が、天皇制国家の組織であることを語って余りある。東京の母の会連合であり、現在の都小Pに相当する組織である。ただし、連合母の会は三年後の一九四三年に、幼稚園と小・中学校の母の会の連合「東京市連合母の会」に再編されていて、都小Pとの直接の連続はないと考えられる。

その規約で、目的は「東京市内国民学校母の会及其他の母の会相互の協調連絡を図り、併せて其の内容の充実と向上発展とを助成する」とされた。事業として、「①母の会相互の連絡並に各種教育団体との連絡、②講演会、講習会、懇談会などの開催並に見学、③母の会に関する事項の研究調査、④母の会の普及発達を図り、其の事業の援助、⑤其他」が挙げられた(32)。協調連絡、講演会、講習会、懇談会、研究調査、内容の充実と向上発展、助成など、現在の都小Pの役割とほぼ同じである。

連合母の会は、一九四〇年九月の総会で申し合わせをおこなったが、「少しく堅苦しい感がするので」、口にしやすいよう次のように言い換えたと久保田は書いている。

今日興亜の大業をなさんとする国家非常の時に当り、私共はこの皇民練成の大任を有する母として、必ず責任を他に、転嫁することなく、自粛自戒し、敬虔な態度で、左の家庭行事を実践いたしませう。

一、神を敬ひ仏を念じ、必ず母が中心となり家族打ち揃って祖先の前に日々の報告と反省と誓とをいたしませう。

一、隣組を通じ各学校を中心として、母同士が子女の教養に就いての経験を活かし、確かりと手をとり合ひませう。

一、此の際、各学校に母の会の設立を促し、全市の母が一となって、一人の良からぬ青少年のないやうに努力いたしませう。(33)

「祖先の前に日々の報告」をするというのは、「心の東京革命」の「子どもにその日のことを話させよう」を想起させる。皇紀二千六百年の時代には、皇祖天照大神―天皇―祖先―臣民という「祖孫一体」「忠孝一本」の系統(34)が想定されていたが、短縮して親に替えたのだろう。また、隣組との緊密な関係が述べられている。さらに、「一人の良からぬ青少年のないやう」と、青少年不良防止が挙げられている。先にも見たように、青少年問題協議会が持つ不良青少年への視線は、戦後の混乱期の対策として始まったものではなく、「皇民練成」の文脈で戦前から求められていたのである。

東京市学園母の会

一九四〇年に発足した東京市連合母の会は、四三年に東京市学園母の会に再編された。「東京市内の国民学校、中等学校、幼稚園などには従来「母の会」を組織しているものが若干あったが、それらはばらばらな存在で何等の連絡がなかった。市教育当局はこれを遺憾とし、それらの統括高揚並に相互の連絡を図り、教育翼賛の精神高揚並に母の会の拡充強化に資し以て皇都教育の実践向上を促進するに必要な事象の企画、指導をなす目的のため「東京学園母の会」を設立、その規約を決定発表した[35]」という。

「「母の会」を組織しているものが若干あった」というのは、現実にはそれほど多くなかった、ということである。この組織は、幼稚園と小・中学校の母の会連合であり、現在の東京都公立幼小中高ＰＴＡ連絡協議会のような組織と言えるかもしれない。

一九四三年の「東京市学園教育団体指導要項」は、「学校、幼稚園の種別如何を問はず全学園教育を通じ教育の目的を皇国の道に則りて皇民の練成を為すものとせられ（略）大東亜の指導者たる皇国民の練成を目標とせざるものなく（略）、学園、家庭及社会の各教育施策が相互に緊密なる連繋を保持し（略）皇民練成の十全を期」すことを目指し、「聖戦必勝の態勢確立」の要務として指導要綱を設定・実施するとしている。この団体が「自然発生的に組織せらるゝに至れるは全く教育に注がれたる民間の深き関心と民力の発揚とを示せるもの[36]」なのだという。

この要項で、従来使われてきた様々な名前の保護者会は、学園教育奉仕会と学園母の会として、男女別にそれぞれが一本化されることになった。やや長くなるが、「市政週報」の記事を引用する。

後援会、父兄会、保護者会と言う教育団体は、国家の教育費あるいは市の教育費等の公費の不足分を補い、併せて精神的に学園と一体となって、教育の実績向上に資しようと言う二重の使命を持っているのであるが、重点は経済的援助に置かれている教育団体である。

母の会、母姉会、親の会は、児童の母が主となり、学園と家庭と一体となって、家庭教育の振興発展を図る所に重点が置かれている。これら二つの学園教育団体は、学園を中心とした地域的郷土愛と結びついた教育奉公の精神より自然発生的に成立したものであり、又その本質においては、次代の国家を双肩に担ふべき若き第二の国民の育成を意図する学園教育を積極的に援助しようと言う麗しい人情の発露としての教育翼賛の成果であると謂い得る。しかしこれらの二つの学園教育団体は、その目的とする所は一であるべきであるが、各々目的実現の方途において相異なる所があるので、後援会、父兄会、保護者会などは学園教育奉仕会と改称し、母の会、母姉会、親の会と言う学園教育団体は、母が主体となるのであるから、学園母の会と改称して、今回各々その特質を発揮せしめるように二本立てに整備統合せられたのである。[37]

様々な名称を持つ戦前の保護者会が、異なる目的を持ち男女別に分けられていたこと、さらに一九四三年に男女別に二本化されたことの背景を説明するものとして、重要な資料である。

それぞれの会に指導要項が設けられたが、「教育翼賛の精神に基き会を運営すること」と「学園の教育方針には絶対に干渉せざること」の二点が両者に共通している。二つの会には違いもある。例えば、教育奉仕会には「学用品の共同購入に当りては学園の意見に依り優良低廉にして且つ教育上適切なるものを選定する」と「学園母の会の健全なる発達を図るやう援助する」[38]が記されている。戦前の保護者組織については、学校後援会の機能があったとされるが、それは男性を会員とする父兄会、保護者会などのことである。ここでも「学用品の共同購入」が述べられている。また、母の会に対しては「健全なる発達を図るよう援助する」という関係にある。

一方、「学園母の会指導要項」には、「家庭教育の担当者たる日本の母の天職使命に鑑み祖孫一体の道に則りて皇国特有の家庭を完成する為、家風の樹立、母性の修練、皇民の練成に努むる」「会員相互の緊密なる連絡を図り、大に其の学園教育の精神を尊重し、よき協力者として生活環境を教育的に淳化して常によき躾に努むる」「他の教育諸団体と緊密なる連絡を図り相携へて広く教育の向上に努むる」「文部省制定の戦時家庭教育指導要綱に基き家庭教育の充実刷新に努むる」[39]などが述べられている。

精神面での活動に重きが置かれている、と言えるだろう。母の会や、連合母の会でも言われてきたことが繰り返されているが、奥村典子はこの指導要項のなかで、具体的な家庭教育の指導内容として「戦時家庭教育指導要綱」が挙げられたことに注目し、「家庭での子どもの教育のあり方以上に母親の時局認識及び戦時下生活刷新のあり方に比重をおいたもの」であり、「子どもの練成にあたると共に防空・増産・貯蓄といった戦時下生活へ「奉仕」することが役割として課せられ、とりわけ後者に比重が置かれていた[40]」と指摘している。

家庭の母の戦時訓と言われた「戦時家庭教育指導要綱」（一九四二年）を手短にまとめておく。

一、「祖孫一体の道に則る家長中心の結合」である「家族」が、「情愛敬慕」「秩序」を養う。また、「皇室を宗家と仰ぎ」「忠孝一本の大道に基づく子女練成の道場」となる。

二、「健全なる家風の樹立」として、「敬神崇祖」「敬愛、親和、礼節、謙譲」「一家和楽」「隣保協和」の項が立てられている。「天皇に仕へまつれる祖先を祀り崇ぶ」「謙譲して協力奉公」を実践、「家生活を健全」にし「健全なる国家の基礎を確立」する。「国家的結合を家族的ならしむるところに家の日本的性格」がある。

三、「母の教養訓練」では「国家観念の涵養」「個人主義的思想を排し日本婦人本来の従順、温和、貞淑、忍耐、奉公等の美徳を涵養錬磨するに努め」「健全なる趣味の涵養」「強健なる母体の練成」などが求められる。

四、「子女の薫陶擁護」では、「父母の慈愛の下、健全なる家風の中に有為なる次代皇国民の練成を為す」ために、「皇国民たるの信念の啓培」「剛健なる精神の鍛錬」「良き躾」「身体の養護鍛錬」「勤労節倹、忍苦の精神」などが求められる。

五、「家生活の刷新充実」では、「大東亜戦争の目的を完遂し皇国永遠の発展を期する」ために「時局認識」「家庭経済の国策への協力」「家族皆労」「隣保相扶」「国防訓練」「家庭娯楽の振興」などが挙げられている。(41)

学校・家庭・社会

国民学校令施行規則第一章第一条には「家庭及社会との連絡を緊密にし児童の教育を全からしむるに力むべし」という項目がある。当時は、「地域」よりも「社会」という言葉が用いられていたのだが、現在の「学校・家庭・地域」と類似する考えを、一九四一年に文部省はすでに表明していた。それは、小学生を皇民に練成するという歴史的状況のなかで、国民学校令として公布されたものである。当時は「社会」という言葉が、隣組や町内会を指すこともあったと考えられる。

前記の条項は、「家庭及社会との連絡を緊密に」することを規定しているが、「「連絡」とは、親が学校に一方的に合わせるという限りでの協力の要請でしかない」と杉村房彦は捉えている[42]。

久保田は、国民学校令に言及して「学校、家庭、社会、この三者の教育活動の根底は今後常に此処から出発するわけであります。この三者は実に一でありまして分けられないものであるからです」[43]と書く。「一であり」「分けられない」というのは、その三者が融合一体化したような状態であり、それは、現在の「学校・家庭・地域が一体となって」という言に近い。また久保田は、「子供が、どこで何を学んで成長するのか、その場所的に考へると、学校、家庭、社会との三場面があるが、之を教へ導く人は親と教師とであるのだから、この二人が一心同体となり、一切を打ち明けて親しく話し合ふのでなければ、よい日本人とはなり得ぬ[44]」とも書いている。つまり、三者は重要だが、実際に一心同体になるのは親と教師であり、「社会」は後退している。現在の「学校・家庭・地域」につながる考えは見られ、重要とされているが、社会の役割は明確にされていない。また、現在聞かれる「地域の教育力」や、「地域が教育する」という考えは見られない。

奥村は、「家庭及社会との連絡を緊密にし児童の教育を全からしむるに力むべし」という条項は「家庭教育の目的が、学校及び地域社会と連携を図り練成を為すことを意味し、母親に学校・家庭・地域社会という横のつながりの中で子どもの練成に当たる役割が期待された(45)」ものと解釈する。ここでは、国民学校令の「社会」を「地域社会」に置き換えている。

しかし、戦局が進むと家庭教育と学校教育の補完関係や教育する母は、重要性を持たなくなる。母は、家庭教育をおこなうのではなく、戦時体制に直接動員される「人材」になっていくのである。学園母の会会員となった東京市の母親には、「家庭「教育」を行う余地はもはや残されていなかった。(略)母の会の展開が行き着いた先に、総力戦体制確立に向けた戦時下家庭生活を支える母親の動員が用意されていた(46)」と奥村は論じる。それは、「家庭の中での子どもに対する「教育」の自壊」「内部崩壊」を促した。「学校・家庭・地域社会が連携するという国民学校の練成体制にもとづく家庭教育は机上の空論になったの(47)」だ。

つまり、当初は「学校に一任」するのではなく、学校教育補完の役割を求められていた家庭教育は、戦争遂行のためには副次的なものになり、空洞化した。それは、国民学校令が想定していた「学校・家庭・社会」が連携し練成をなすという構想が消失したことを意味する。戦前の「学校・家庭・社会」に、そうした歴史があったことは、現在の「学校・家庭・地域」という言説を考えるうえで興味深い。

一九四三年に公布された「東京市学園教育団体指導要項」も、「学校・家庭・社会」を説いている。「学園、家庭及社会の各教育施策が相互に緊密なる連繋を保持し、一面に於て各々其の異れる職分に基く特殊性を充分発揮しつつ他面唇歯輔車の関係に立ちて協力するにあらざれば到底皇民練成の十全を期し得ざる所なり」[48]としていた。「学園・家庭・社会」の緊密な連繋が必要なのは、「皇民練成」や「聖戦必勝」のためである。現在、「学校・家庭・地域」の連携が求められるのは、家庭の教育力が低下しているから、子どもの基本的生活習慣ができていないからなどと説明される。理由づけは、情勢に応じて様々に変えることができるのである。

戦前の杉並区の保護者組織

ここでは、手短に杉並区での状況を見てみたい。保護者組織は一九二〇年から設立され、三四年ごろには二十一の組織が作られていた。名称は後援会十四、児童保護者会三、教育後援会二、児童奨学会一、母の会一である。つまり、男性をメンバーとする会が圧倒的に多く、母の会を設けていた小学校は少ない。Ａ小学校の後援会設立は三一年四月で、目的は「発展向上を援助」することであり、会員数は四百七十人だった[49]。

児童奨学会と母の会が併設されていた小学校があり、その規約から二つの会の性格の違いが確認できる。まず前者の目的は、「児童に対し学習の奨励と学用品の購入及配給の利便を図る」ことである。そのために「諸帳簿、諸用紙、手工材料其他の学用品を共同購入し（略）配給す」ること、「算盤、粘土板、尺度其の他学用品を購入し（略）貸与す」[50]ることなどである。

一方、母の会の目的は「会員相互の親睦を計り家庭教育の研究及び学校家庭の連絡を計り更に学

表2　母の会加入状況

	生徒在籍数	加入者数	比率
1934年度	1,110	548	49%
1937年度	1,555	826	53%
1938年度	1,607	874	54%
1939年度	1,400	862	62%
1940年度	1,399	893	64%
1941年度	1,406	912	65%
1942年度	1,454	1,075	74%

（出典：東京都杉並区教育委員会編『杉並区教育史』下、東京都杉並区教育委員会、1966年、116ページ）

校の行事及設備の後援をなす」ことであり、「会員懇親会子供の躾方学習法につき研究」「講話会」「学校の事業及設備の後援」「本会の関係ある者の慶弔」「貧困児童の就学補助」[51]が課題となった。

児童奨学会は「組織も運営も父兄の手によって行われて」いたが、母の会は学校長が会長である。[52]また、母の会には、児童奨学会には見られない客員と顧問が置かれた。客員は「当該学校職員及び特別の金品を寄贈したる者」で、顧問は「当該学校長及び教育会支部長其の他土地の名士」である。会員には、児童の母だけでなく「一般の申込者」も受け付けていた。[53]

母の会の学校後援活動として、校旗テント・カーテン・木刀の寄付があり、運動会、展覧会、学芸会、夏季施設、競技会などの学校行事の補助を挙げている。また労力奉仕として、運動会では受付案内、来賓接待、低学年の世話、教護、父母席など会場の世話をおこなっていた。これらは、現在のPTAでも会員がおこなっていることである。また、会員の研修事業として講演会・講習会があり、内容は婦人の修養や子どものしつけなど教養・教育に関するものと、衣服の手入れや健康など家事に関するものがあった。[54]

当該小学校の母の会加入状況は表2のとおりである。年とともに加入者は増加しているが、現在のPTAに比べると、加入率はかなり低い。

一九三七年ごろから、母の会にも戦時色が強まっていく。出征家族に対する援助として会費の免除が認められ、出征兵士の歓送会、出征遺家族慰問、遺骨出迎えなどがおこなわれるようになり、四〇年から四一年にかけてその頻度も高くなった。四三年の「東京市学園教育団体指導要綱」によって、保護者組織は教育奉仕会と母の会に改称されたが、戦争激化に伴って、その活動は、集団疎開先の訪問と学用品の補給が主となり、地域活動は不活発になっていったという(55)。

2　大日本連合婦人会

一九三〇年十二月二十三日、文部大臣訓令「家庭教育振興ノ件」が出され、同じ日に大日本連合婦人会（連婦）が創立された。「家庭教育振興ノ件」は、「家庭教育の不振」を「国民の深く省慮すべき所」であるとする。「学校教育の勃興と共に（略）教育を以て学校に一任し家庭は其の責に与らざるが如き情勢」を招き、「忌むべき事相を見る」こともある。「我が邦固有の美風を振起して家庭教育の本義を発揚」し、「家庭生活の改善を図」り、「国運を伸張する」ことが掲げられた(56)。ここでも「教育を以て学校に一任」することが問題として挙げられている。

「大日本連合婦人会宣言」は、「家庭教育振興ノ件」の趣旨を踏襲しながら、次のように述べる。

現時我邦は思想困難、経済困難に直面して居ると称されて居ります。（略）其の原因を探る時に、私共には家庭教育の委縮不振ということが直に胸を衝いて参ります。教育を学校にのみ一任して顧みざる家庭（略）其処から思想困難、経済困難が胚胎するのではありますまいか。（略）此の欠陥を救ふことが現在に於ける日本国民特に日本婦人の重大なる任務であると信じます。（略）家庭を修養の道場となし、創造の殿堂となし、斯くて健全有為なる国民を養成し、豊富無限の経済力を発揮するは日本婦人の（略）一大責務と謂はねばなりません。(57)

ここには、「思想困難、経済困難」→「家庭教育の委縮不振」→「家庭を修養の道場に」→「健全有為なる国民」「豊富無限の経済力」という論理が示されている。「家庭教育の委縮不振」は現在の「家庭の教育力低下」に相当するが、その理由は「教育を学校にのみ一任して顧みざる家庭」にあるとされた。その問題を解決するために、家庭を「修養の道場」とし、母親または婦人が修養することを求めたのである。現在、「家庭の教育力の低下」は、育児不安、シングルペアレント、働く母親の増加などにあるとされ、地域ぐるみの教育が必要とされていることと平行する論理だろう。

「大日本連合婦人会宣言」は、さらに続く。

此の責任を果たす為には、所在各地の婦人団体の奮闘と努力とを望まねばなりませんが、併せて必要なのは、全国的の連絡機関であります。（略）連絡の上に欠陥のあるのは、国体発達の為寔に遺憾至極の事であり（略）挙国的運動を起し、充分なる成果を収めることは困難と存じます。私共は之を遺憾とするの余り、茲に奮然起って、大日本連合婦人会を組織することに

致しました。是れ時勢の促す所、又国家の要求する所であります[58]

婦人たちが「私共」として語っているかのような話法が使われ、連絡の欠陥を「遺憾」に思い、「組織することに致しました」として、あたかも婦人たちの「自発的」な意志であるかのような表現になっている。そして、それは「時勢」と「国家」が求めるものでもあるとし、「私共」の意志と国家の要求を重ね合わせている。婦人会を全国的な連絡機関として束ねたいのは国家の意志なのだが、あくまでも「私共」の意志が先にあったかのような記述である。

しかし、連婦の『沿革史』「総説」には次のように記されている。「一国の振張は国民の練成にあり、「国民の練成はその大半を家庭教育の振興充実に」負うので、「識者」は「家庭教育の担当者たる婦人の修養機関の出現を熱望」していた。文部省も「その必要を痛感」「教育行政の一要務として、各地にその振興運動を開始して」「覚醒団体の誘導に努力」したが、それを「国家的に系統ある組織団体」とする「必要を察知」し、「大日本連合婦人会の創設を見るに至」った。「日本全婦人」に「根本的なる修養奉仕に精進」させるため「指導原理」を「日本婦道の顕揚、家庭教育の振興、家庭生活の刷新の三大項目に定め」「地方各団体の連絡提携を図り」「全て修養を本旨とした[59]」。

ここには「私共」の声はない。この時代に女性が「識者」の位置に立ったことはまれで、「婦人の修養機関の出現を熱望」していたのは男性だろう。

片岡重助『系統婦人会の指導と経営』

　連婦の理論づけは、一九三二年十月から連婦事務局長、のちに参事を務めた片岡重助によっておこなわれ、『系統婦人会の指導と経営』として三五年にまとめられた。[60]

　片岡によれば、婦人会は「家庭教育の振興と家庭生活の更新を図るために修養と奉仕をなす修養団体であ」り、「一家の主婦が基礎会員」となる組織である。「奉仕は修養と連繫して行わるべきである」とし、家庭教育と家庭生活、奉仕と修養を実生活に即しておこなうのが「婦人会本来の使命であり、それがやがて、大にしては婦人の国家社会への奉仕であ」[61]るという。前項で見た久保田と共通する考えである。

　活動の具体的内容は、精神方面と実生活に関する事項に分けられる。前者には、祝祭日の家庭化、国旗掲揚の励行、神社参拝、神仏の礼拝、迷信の打破、家族の協力親和、勤労の愛好などを挙げ、後者は衣食住、家庭経済、社交儀礼に関する事項によって構成される。[62]これらは、生活改善運動とも重なるものでもある。

　連婦は「道府県（植民地を含む）連合婦人会を加盟単位とし、道府県連合婦人会は市町村婦人会を加盟単位とし、（略）更に大都市の婦人会は各区婦人会を単位と」する。「これら市区町村婦人会員は道府県連合婦人会員であると同時に大日本連合婦人会員でもあり、又市区町村婦人会幹部の方々は道府県連合婦人会及び大日本連合婦人会の地方幹部であ」る。「かくして市区町村の婦人会が全国的に完成されると、大日本連合婦人会は全国一千数百万家庭婦人の統制ある大同団結となる」と構想される。片岡は個々の婦人会を「単位婦人会[63]」としているが、それは現在の「単位PTA」という表現につながるものだろう。

さらに片岡は「全日本婦人の総連合機関となって、ここに初めて婦人修養の道が開かれる」と説く。連合することによって、個の主張が抑えられ、修養がおこなわれるという考えも久保田と共通している。連婦の主要な目的は、連絡提携である。戸主会や女子青年団、産業組合のほか「学校や寺院、役場、乃至は消防組、農会等とも相互に連絡をとる要があ[64]」るとしている。ここで連婦は、横の組織とも関連づけられる。

系統婦人会は地位、職業、資産、教養、趣味、信仰などに関係なく全婦人を統合し、「普遍的な修養と多方面的な奉仕」をおこなうものとされた。片岡は、宗教や趣味、芸術など特定の目的を持って組織される会を特殊婦人会と呼んで区別する[65]。それは階級分離の思想を助長し、社会共同観念の発達を阻止するものとし、系統婦人会の優越性を繰り返し強調した。

「児童愛護運動のために児童愛護協会が、小学校後援のために母姉会が、という風に、雨後の筍の如く生れては片端から亡んで行くのよりも、系統的な町村婦人会の事業としてそれが吸収され、計画され、統合されることが望ましい[66]」のである。片岡は、母姉会などは連婦に吸収統合されるのが望ましいと考えていて、母の会が中心となって活動していくのがいいと考えていた久保田とは逆の立場である。

片岡は、ムラと呼ばれるような旧藩時代の村が「自然村落」であり、今日の大字や部落にあたるという。それは、「共通の感情」や「共同の利益」で結ばれていて、冠婚葬祭や災害などの際は、婦人が「組」として参加し、相互扶助がおこなわれていた。しかし「明治政府は欧米の自治体に心酔して、而もその真実を究めずして、徒らに町村の併合を行ひ、極端に部落社会を破壊」し、「相互扶助も行はれず、部落心も薄らいだ」と明治政府の近代化政策には批判的である。さらに「個人主義思想浸潤の結果として」「美しき共同社会が段々に崩解され」たという。婦人会は新しい町村制のうえに成り立つが、かつてのような相互扶助や共同を基礎に持たなければならないと主張する。(67)社会主義的とも言える考えである。

片岡は、地域差を超えた系統婦人会の理論づけをおこなう一方、農村や漁村、山村、都市、工場などの現状とその差異を論じている。都市では、近所との接触が少ない。さらにその組織化は地域に基づいたものではなく、職業や趣味、出身校などを中心になされる特殊団体となり、共同社会が形成されにくいという。そこで、都市婦人会を組織する方法として、「学校通学区域を更に百戸位を標準として適当に分割し、「学童と母」と云う関係に於て田舎に於ける婦人会の支部に対するものを組織すること」を提唱する。また、「母子会、母姉会等を単に学校の施設に終らずして彼女等の自治的団体たらしめるのが最も有効であ」り、「学校と家庭の連絡上、学校が主体となって開催する母姉会が、単なる一時の会合や催しでなく恒久性を有つやうに再組織するならば、それが所謂系統婦人会」(68)になると主張した。ここには、ＰＴＡに至る道筋が示されている。

しかし、都市婦人会は「結合が強固だとは申され」ないため、その対策として、裁縫や料理、体育、音楽クラブなど、横の同好組織を作ることを勧める。(69)ＰＴＡがバレーボールやコーラスなどの同好組織を持つのは、こうした経緯があるのだろう。

同好組織の目的も修養である。「同好組織の事業を多分に取り入れ、各人の要求に適合する修養と事業を緊密に盛り込むこと」ができる。しかし、同好クラブには「地域婦人会の支部長及組長の推挙あること」が必要であり、「同好クラブが勝手に会合し」てはならない。「同好組織は地域組織と連合して意味のあるもので、これ丈けでは動もすれば特殊婦人会に変形する恐れがあ(70)」ると警戒している。

しかし、系統婦人会は片岡の構想どおりには進まなかった。片岡は、「婦人はなぜ婦人会を嫌ふか」という項を立てて、暇がない、着物がない、会費が納められない、すでに種々の婦人会に入会している、下層の人々と協働したくない、などの考えを挙げている。「今や全国一万二千の町村中一万町村までは町村婦人会の設立を見て(71)」いるとする一方、「婦人会が何をしたらよいかとか、婦人会を開いても人が集ってきてくれぬとかいうようなことをよくき」き、「どこでも婦人会の経営には頭を悩ましているやう」だという。(72)

また、「婦人が修養すれば日本婦人の美点を失くす」「生意気になって困る」という懸念もあった。それに対しては「口角泡を飛ばしたり、参政権を遮二無二叫んだり、男性横暴を叫ぶ為めの婦人会ではありません」とし、むしろそうした事態に対して修養を説くのが婦人会だとしている。実は、婦人会設立には村長や校長もあまり乗り気ではなかったようである。時期尚早、加盟金徴収、賛助会員募集の強制、社会教育事務の増加、婦人会の役員をめぐって起こる反目などがその理由だった。(73)片岡は、「婦人会を毛嫌ひされる向へ」向かって、その必要がないことを説く。(74)より普遍的な人類を持ち出して、「人類が恐く最初に作った共同体は、飲料水を中心として集結した社会であ」るとし、婦人会はそこで出現した井戸端会議を近代化したものとして説得に努めることもあった[75]。

片岡は、都市や農村、漁村、山村など異なる地域の婦人会の連合を想定していて、学校を中心とする組織は、その一部だったにすぎない。また、片岡には学校を中心とした婦人組織は、農村での「自然発生的」なつながりを基礎にするものに比べて、共同性を獲得するのは困難であるという認識があった。全日本の婦人統合は、まさに困難な試みだった。学校を中心とした系統婦人会としての構想は、戦後になってPTAとして達成されたと考えられるのである。

千野陽一は、「片岡が提起したこの組織論は、その後部分的修正こそなされたものの、第二次世界大戦後においても地域婦人会の組織原理として基本的に継承されていくのであり、政府筋による地域婦人団体組織論の原型として大きな意味をもつ[76]」と『近代日本婦人教育史』で指摘している。

このように見ていくと、PTAにつながる要素として、系統婦人会であること、連合し連絡提携をおこなうこと、横の組織と関連づけられること、個人主義を排すること、修養と奉仕の組織であることが挙げられる。PTAの煩雑な活動は、修養と奉仕、および共同体づくりを目指すものとして理解することができるだろう。連婦とPTAの違いは、前者では修養と奉仕が明言されているのに対し、PTAではそれは隠蔽されていることである。

連婦は、一九四二年に愛国婦人会（愛婦）、大日本国防婦人会（国婦）とともに大日本婦人会に統合され、「発展的解消」した。大日本婦人会への合流について、連婦は「新団体の指導精神は、本会の多年唱導し来れる精神と殆ど異る所なし。即ち本会は衣を更めて新らしき活動に入る所以なり[77]」としている。内閣総理大臣東條英機は「大日本婦人会会員に告ぐ」で、「今次の大戦争に必ず勝つ」には「常に家庭に止まり、妻として内助の功を積み、母として一切を我が子の養育に捧ぐる淑やかにして而も忍耐強き皆様方日本婦人の力」が必要であり、「家庭を通じて、戦争完遂に遺憾なく寄与」「近隣相扶けて」「務めを果たして」いくことを求めている(78)。大日本婦人会は「満二十歳未満の未婚者を除く日本婦人を以て会員とす」ることが定められていた。ただし、現実には組織率が最も低い県では五二・二パーセントの組織率にとどまったという(79)。

3　GHQによるPTAの導入

一九四五年八月、日本は全面降伏し、連合国軍の占領下に置かれた。軍国主義的・国家主義的な教育を廃し、民主主義的な教育再建をおこなうため、連合国軍総司令部（GHQ）、民間情報教育局（CIE）は四六年三月、二十七人のアメリカ教育使節団を日本に送った。約一カ月の視察をおこない、「米国対日教育使節団報告書」を提出。これが戦後教育改革遂行の指針となった。民主主義が導入され、主権在民の考えに基づいて、教育は国民の権利である、と位置づけられた。教育基本法や学校教育法をはじめ教育関係の諸法令が制定され、教育行政の地方分権化、公選制の教育委員会設置など、一連の教育改革がおこなわれた。PTAもこの占領期教育改革の大きな流れのなかで導入された。

PTAはアメリカで作られた組織である。一八八五年ごろ、アリス・バーニーがPTA運動の基となる全米母親会議を提唱し、九七年に発足した(80)。

一九四六年三月、CIEによってPTA設置が奨励され、十二月、文部省は都道府県社会教育所管課長会議でPTAの趣旨説明をおこない、積極的普及を奨励した。翌四七年三月、文部省はパンフレット「父母と先生の会」を、同年六月には、それをより詳しく解説した「父母と先生の会――教育民主化への手引」(社会教育連合会編、大蔵省印刷局)を全国に配布した。また、同年四月に「「父母と先生の会」参考規約」を作成している。

初期の段階では、「父母と先生の会」、PTA、P・T・A、P.T.A.、P,T,Aなどの名称、表記が並行して用いられていた。一九四七年四月ごろから始められたPTA導入だが、早くも一年後には全国的に普及していた。その普及率は「大体九〇%(81)」とされ、当時、約半世紀に及ぶPTA運動があったアメリカでの小学校PTAの普及率が二〇パーセント程度だったことに比べてもきわめて高い数値である。その背景に、文部省の強いてこ入れがあったことを示している。

導入時の意図に関する論争

杉村房彦は、PTAが「親の教育参加」の方法として機能していない原因をその発足にさかのぼって探ろうとし、当初PTAに期待されていた役割や機能が統一されていなかったこと、また当初の民主主義的な意図が後退したことを論じた。「父母教師会　パンフレット製作の参考にまで」(以下、文部省訳「父母教師会」と表記)を基本的資料に据え、それを下敷きにして一九四七年三月に文部省が作成したマニュアル「父母と先生の会」を杉村は比較した。前者は四六年十一月、CIEが文部省社会教育課長に参考として手渡した英文の文書（以下、ＣＩＥ資料と略記）を文部省が日本語訳したものである。そして、後者からは学校教育の「内的事項への関与」「親と教師による学校自治の思想」「学校教育全般に対する親の教育権行使の方法」「学校の管理に関し、父兄及びその他の市民が責任を有している」ことが削除されたことを指摘、ＣＩＥのＰＴＡ構想は後退したと論じた。[82]

これに対し、榊原博美は社会教育関係団体と学校教育関係団体としてのＰＴＡという二つの立場の論点をまとめたうえで、「使節団報告書の教育参加の観点においても、父母の教育参加にたいして弱く、市民一般の教育参加に包含されたＰＴＡという側面」があること、「ＰＴＡは成人教育をすすめる民間団体として占領軍側に注目され特に力を注いでその育成が図られた」こと、そしてＰＴＡ政策が「公選制教育委員会制度の構想の優位性との関連において意図されていた」ことを指摘する。学校教育関係団体として当初から構想されていたのではなく、「むしろＰＴＡは公選制教育委員会を補完するような存在であり、教育の地方分権を志向する立場から学校と地域を結ぶ成人教育団体としての側面を強調する意図がより強固に存在したと認識するほうがリアリティがある」と榊原はまとめている。また、ＰＴＡは戦前の学校後援会、母の会などの団体の再編・民主化過程として組織化されたことに言及して、ＣＩＥが親の教育権行使としてＰＴＡを想定していたが、その後それが「後退」したと見ることに疑問を呈している。[83]

さらに仲松辰美は、資料誤訳の可能性を指摘する。「ＣＩＥ資料」は、文部省訳「父母教師会」の原文書になったが、その後「ＣＩＥ資料」が紛失したという経緯がある。そのため「ＣＩＥ資料」と文部省訳「父母教師会」を同一と見なし、紛失した原文について十分な分析がされないまま議論が続けられてきたという。仲松は、杉村が日本側資料をもとに検討し、「ＣＩＥ資料」と文部省訳「父母教師会」を同一としていることの問題を指摘する。また、同時期の他の関連資料を比較調査し、文部省訳「父母教師会」では公教育の責任主体についての記述は誤訳された可能性があるとする。

仲松は、ＣＩＥと文部省の間で学校教育の責任主体に関して大きな矛盾は見られないと結論づけた。「そこに見られた親像は、ＰＴＡ活動を通じて、親としての立場と役割を自覚し、子ども達の教育に対して責任を負うというもの」である。また、ＣＩＥのＰＴＡ構想の中心にあるのは子どもたちの福祉増進である。仲松はさらに、「学校教育に関し、その責任は校長や教師にあることを前提にしつつも、親はＰＴＡの場で新教育について学びつつ、ＰＴＡ活動を通じて学校教育に対する関心を醸成させる事が期待された。またＰＴＡを通じた親の内的事項への関与も、決定権を持たないもののＰＴＡの権利であり義務として予定されていた。（略）成人教育の側面からは、子どもたちの福祉増進を計るというＰＴＡの趣旨と結びついた活動を通じて、親（市民）と教師に社会改良の担い手になることが求められた」とする。そして、杉村が主張したように、一九四七年の「父母と先生の会」によってＣＩＥの意図が後退したわけではないとしている。[84]

一方榊原は、杉村にはＣＩＥが提唱したＰＴＡが親の教育参加への視点を持っていたと「解釈したい意図」があると指摘しながらも、「ＰＴＡで親が学校教育の内容について発言し参与していくこと自体の意義については否定されるものではない[85]」とする。仲松もまた「現実のＰＴＡは、ＣＩＥが構想したような役割を果たしたとは言い難い[86]」としている。

「父母と先生の会」

文部省社会教育局が一九四七年三月に配布した「父母と先生の会」は、次のように述べる。

家庭と学校と社会とがその教育の責任を分けあい、力を合わせて子供達の幸福の為に努力してゆくことが大切である。（略）子供の問題に関心をもつことは国や社会をよくしてゆくことに結びついて来るのでそれは同時に社会改良運動への第一歩とも（略）なる。[87]

「家庭と学校と社会」の協力は、戦後も引き続き主張されていた、しかし、子どもの問題への関心は、「社会改良運動への第一歩」であるとしていて、社会は改良の対象という位置づけである。続いて「「父母と先生の会」をつくろう」と呼びかける。

学校と家庭と社会とが一つになって子供達の幸福のために尽してゆく組織が必要となって来るし、このような組織ができ上って始めて子供達のための仕事が具体的に進められるのである。今迄も（略）父兄会とか母姉会とか後援会とか保護者会とかがあって学校と家庭とのつながりを持つことに力めて来た。[88]

ここでは「学校と家庭と社会とが一つにな」ることが説かれるが、「学校と家庭とのつながり」

への言及しかなく、社会とは何かが不明である。また、一九四三年に学園教育奉仕会と学園母の会に二本化されたのだが、「父兄会とか母姉会とか後援会とか保護者会とか」と羅列されている。

父母の方は常に受身になっていて積極的な活動をすることに欠けていたと思われるのはまことに残念なことである。そこでこれからは今迄の父兄会などのやり方を充分反省して、父親も母親も一緒になって、もっと実際的に力ある立派な組織を作る必要がある。（略）先生が中心となった会ではなく、先生と父母とが平等な立場に立った新らしい組織を作るのがよい。これが「父母と先生の会」である。(89)

「常に受身になっていて積極的な活動をすることに欠けていた」「今迄の父兄会などのやり方を充分反省し」「父親も母親も一緒になって」「実際的に力ある立派な組織」「先生と父母とが平等な立場に立った新らしい組織」がPTAである。つまり、父母別に二本立てにされた会ではなく、父母の会であり、先生中心ではなく、先生と父母が平等な立場にあって積極的な活動をおこなうものと構想されている。

具体的な会の作り方については、「民論に依って下から盛り上る力」で作られることが重要である。「充分に意見をたたかわし、質疑を交換して、さてそれではつくろうと言うことに意見の一致を見たならば、そこで初めて「父母と先生の会」の組織にとりかかることとする。（略）会員は強制ではないが、学校の先生と児童生徒の父母の大部分が参加することとなるであろう」と、民主主義的な討論によって作られるという原則を述べているが、その結果として「大部分が参加」するという加入のあり方が示される。

運営については、「会で取扱うべき問題を研究し、会員の意見に依ってその年度の具体的な事業計画をたてる」とし、「会合は月一回位が好ましい」としている。[90]「どんな利益があるか」では、十五の事柄を挙げている。筆頭の「学校の設備が充実するようになる」[91]というのは、後援会としてのPTAの役割を引き続き期待しているように聞こえる。「むすび」で、それまで不明確だった社会との関係が示される。

「父母と先生の会」は子供の幸福のために働き（略）、悪い状態をとりのぞく。したがってそれは学校のある市や町や村を、つまり社会を浄化し、改良していくことにひろがってゆく。（略）自分のこととともに共同体である市町村のこと、社会のことを心にかける。（略）社会を正しくしてゆく。教育的でないものを社会から取りのぞいたり、教育になることを社会へ奨励したりする力と権威がどこかになくてはならぬが、「父母と先生の会」はまさにこのための絶好の組織であろう。[92]

「学校のある市や町や村を、つまり社会を」とあり、社会は市町村を指す。「共同体である市町村」ともされていて、社会＝市町村＝共同体という関係である。PTAが社会に対する「力と権威」として「絶好の組織」という考えは、きわめて異例であり、現在の文科省の方針とは全く相いれないものだろう。

ここではPTAを通して、子どもの幸福のために活動することによって社会浄化・改良をおこなうという関係が示される。前に「学校と家庭と社会とが一つになって子供達の幸福のために尽してゆく」と述べられている一方、「社会を正しくしてゆく」という結論になっていて、そこに社会の教育機能は想定されていない。

そして最後に、

「父母と先生の会」が（略）市町村毎に、更に府県毎に連絡をもった大きなまとまりとなって拡り、最後に全国父母と先生の会協会が設立されるようになれば「父母と先生の会」は非常に活発な活動をくりひろげることもできるし、大きな力となって教育の振興に、更には社会改良運動に貢けんできるであろう。民主主義の、新らしい日本、美しく、楽しく、住みよい日本をつくりあげるための一助として私達は「父母と先生の会」を作り、力強い活動をこれから始めようではないか。(93)


と締めくくっている。

このように、PTAの全国連合が望まれていた。全国連合によって「大きな力」となり、「教育の振興」「社会改良運動」に貢献し、PTA設立を「民主主義の、新らしい日本、美しく、楽しく、住みよい日本」建設の「一助」にすることを呼びかけていた。

ＰＴＡと母の会の違い

戦前の母の会の問題点について、ＣＩＥ社会教育担当官ネルソンは次のようにまとめていた。

「母の会」の活動は、しばしば学校長によって支配されていた。そのような会は、日本における伝統的な性差別と婦人の低い地位を固定化する傾向にあった。[94]

では、ＰＴＡと母の会の違いは、どう説明されていたのだろうか。文部省内ＰＴＡ研究会が編纂した『ＰＴＡ読本』では次のように述べている。

教育は「お上」のものという観念があり、事実そうであった。ところが、民主社会では、学校はその土地に住んでいる人々が自らの力で設置し、その土地の発展に貢献するのでなければならない。つまり、今迄の勅令に依っていた官僚的な教育が改められて、国民大衆の手に渡された訳である。従って、教育制度もわれわれの代表者の集りである議会に依って決定され、教育基本法とか、学校教育法とかいう風に法律となって発布されたのである。又実際の運営の面でも、上からの命令や指令に動かされて学校の先生だけで一方的に行われていたやり方を改めて、父兄は勿論のこと一般社会の人々も当然教育を自分の責任として考えなければならなくなった。ここに在来の財政的援助を主とする父兄会や後援会と意味を異にし、下から盛り上る民主的な教育の母胎としてのPTAの組織の必要が生まれて来る(95)。

勅令によってではなく、議会と法律に基づく民主主義の教育への変化が説明されている。そこでは、「在来の財政的援助を主とする父兄会や後援会」には言及しているが、奉仕と修養を求められていた母の会には触れていない。

文部省視学官小和田武紀は、終戦後日本の教育改革の問題として、①教育の地方分権、②教育行政と一般行政の分離、③教育の自主性を挙げる。「今迄のように教育はお上のものではなく、国民の手に渡った」とし、「日本民主化のために教育民主化のためにP・T・Aの結成が非常に日本にとって大切だ(96)」と言う。

従来の母の会などとPTAの違いについても、父兄会、学校後援会、母の会は「一言で言うと、学校の手足であって、時たま学校の設備とか施設とか行事とかに必要とするお金を寄付するとか、たまに会合があって教育上の問題があっても学校からの一方的な報告に終る程度であったのです。その点が父母と先生が全く平等な立場で子供の幸福のために協力するP・T・Aの根本的に違う所なのです(97)」と述べる。ここでは、母の会に求められた奉仕と修養については全く言及がなく、そうしたことはなかったかのようである。

文部省内PTA研究会は、PTAと保護者会、母の会、父兄会、学校後援会などの違いについて、次のようにまとめている。

①PTAは、財政援助団体ではない、②PTAへの参加は自由であり、自動的・強制的に加入させられるべきではない、③PTAは学校の手足や隷属的機関ではない、④PTAは誰でも入会できる、⑤先生も会員になる、⑥立脚点はデモクラシーである。[98]

「学校の手足」という表現は、小和田も使っている。ここで、学校の手足や隷属的機関ではないとされるのも、母の会との違いを指すものかもしれないが、明確ではない。こうした一連の記述は、PTAの原則を示しはするが、より具体的なレベルで母の会との違いが何かを語るものにはなっていない。かつて母たちに要求されていた奉仕と修養はどうなるのか、民主主義教育でそれは要求されなくなるのかについては、言及が見られない。

安藤堯雄は、母の会は受け身の立場だったとし、次のように主張する。

もっと積極的に能動的に協力するところまでいかなければならない。（略）母の会は、これまで学校の教育に協力して来たものでありますから、これがP・T・Aにうけつがれなければならない。（略）母の会は発展的に解消されて、P・T・Aの中に吸収されねばならない。[99]

学校教育に協力してきた母の会の役割はPTAに受け継がれ、PTAとして「発展的に解消」「吸収されねばならない」という。「発展的解消」は、連婦が大日本婦人会に一本化されたときにも使われた表現である。この表現については、『日本PTA創立50周年記念誌』にも言及がある。

当時、こうした旧組織の「発展的解消」によりPTAの結成を図るということが盛んに言われたが、結局は単に名称がPTAと変わっただけで、その内実はほとんど旧組織と異ならないというのも少なくなかった(100)。

「発展的解消」は、婦人組織についてしばしば使われる表現で、内実は変わっていないが、統廃合や名称変更する、ことを指す。

さらに安藤は、「P・T・Aは、両親と教師とが自分を修養する会でなければならない。(略)これまでの母の会、現在のP・T・Aに於いて見落されていることは、このことではないでしょうか(101)」と指摘する。ここで再び修養が持ち出され、「国民学校母の会」の久保田や連婦の片岡の言を彷彿とさせるのである。

また、「P・T・Aは唯幹部役員の会であってはならないのであって、全会員の会、全会員が参加して活動する会でなければならない(102)」としている。現在にも通じる強制加入の問題である。

教育の民主化について、その意味が理解されていたかどうか疑念を起こさせるものは、他にもある。「どの程度PTA本来の目的が体得されているか」という文部省調査に基づいて、全国十一のPTAの実例が挙げられているなかに、「生徒が真に民主主義を感謝し平和国家の奉仕員として健全に授受されることを目論として(103)」いる学校がある。「奉仕員」は、国民学校時代の考えだろう。

また小和田は、「学校に先生にお任せするという態度を改めて父母自身もこのP・T・Aなどの組織を通じて先生と平等の責任を持つことが新らしい憲法に基づく国民としての当然の義務となってくる」[104]と書いている。権利ではなく義務とする記述である。

ＰＴＡの実態

ＰＴＡの実態はどうだったのだろうか。文部省内ＰＴＡ研究会は「残念ながら、殆んど在来の父兄会、保護者会、学校後援会等の看板の塗り換えに過ぎないものが多い」とし、注意すべき点を次のように挙げている。

一、民主的団体としての性格を欠いている。
二、役員選出方法が不適当である、顔役を並べている。婦人の会長が少ない。
三、会費に甲乙があり、世帯や児童を単位とした所が大部分である。
四、総会は月に一回位持つべきなのに、年に一、二回であり、学校側の一方的報告に終っている所が多い。
五、全体の約七割が、先生に対する生活補給金を出している。
六、割当寄付をしている所が多い。
七、強制加入が多いため、ＰＴＡの趣旨、目的を理解していない人が多い。
八、相変わらず学校側が主導性を握っている。[105]

文部省内の研究会から見ても、様々な問題があったことがよくわかる内容である。

文部省社会教育課の阪本越郎は、この状況を「民主政治に関して日本は未成年」と表現している。一九四八年四月十五日現在の文部省の調査によると、PTAは山間僻村の小さな小学校にまで結成されているとし、「大量P・T・Aの結成」理由として、①県の司令、②校舎の復旧および先生の生活保護、③民主教育に対する熱意、④児童青少年の福祉、⑤教育委員会の選挙母体(106)を挙げる。そこには、民主的な教育とは異なる動機もあったことがわかる。

阪本は、PTAの形成過程が形式的で「脱線的傾向」があるとし、旧後援会との関連が「腐れ縁のごとくつながっているのでは」ないかと問う。「発起人となったものは、学校側及び旧後援会、旧父兄会の役員が圧倒的に多数」であり、役員選出方法が民主的でなく、婦人の会長は「全国でわずか十指を屈するに足りない」という状況である。また、会員は保護者単位、世帯単位が多く、「大抵在来の父兄会後援会の会員が自動的にPTA会員になってい」て、「在来の父兄会後援会の看板の塗り替えにすぎないということが目立つ」と分析している(107)。

さらに阪本は、次のように述べる。

> われわれ文化にたずさわる者の為すべきことは、反ファシズム的の教育の樹立ということであろう。われわれの愛する青年、愛する子供たちを、再びあのファシズムの暴挙に駆り立てさせないために（略）父母も教師も社会人もあらゆる努力をおしんではならない。（略）ファシズムがわれわれ同胞の上にあたえた酷薄極りない罪悪は今や白日の下にさらされた。軍閥の流

した残虐な害毒のために、いまだに国民の傷口は癒着していない。しかるに、我が国に残存する封建的イデオロギーはまだその牙城をわたしてはいないし、ファシズムの危機は今日もなお大である。（略）各地に残存する封建的イデオロギーやファシズムの温床となるようなものに対しては、Ｐ・Ｔ・Ａは厳格に監視しなければならない。(108)

　ここでは、戦時中の状況が強い言葉で弾劾されていて、戦時の状況を忘却したかのような記述が多いなかで異例である。

　さらにＰＴＡ連合については、「各地方のＰ・Ｔ・Ａの自主性とその地域の事情に配慮して研究協議をすすめるべきであって、広地域の連合会の組織結成を急ぐべきではない。殊にこの大きな組織によって個人が広地域に権力的な勢力を占め、政治的な地盤にするようなことがあったら、それは旧教育ボスの台頭であり、民主主義の敵である」(109)としている。阪本は、詩人でドイツ文学者でもあり、文部省退職後は大学で教鞭をとった人物である。ＰＴＡの現実を厳しく見つめたうえでの議論であり、文部省社会教育課のなかにも、様々な意見があったことがわかる。

杉並区のＰＴＡ

　杉並区でのＰＴＡ設置について手短に触れたい。最初のＰＴＡが作られたのは一九四七年だが、教師や保護者、教育関係者の多くは、歴史的にも設置されてきた学校の「(奉仕会）後援会、母の会、父兄会等の「看板のぬりかえ」程度のものとして受け取っていた」。また、「各校の「(奉仕会）後援会、父兄会、母の会」の会長から代表者が出て、区としての委員会が誕生した。しかし、この委員会の論議や検討の結果をまたず各校において規約づくりから発足していた」[110]。つまり、戦前の保護者組織会長が代表となり、区のレベルの委員会が作られた。話し合いや民主的な手続きは踏まずに、各学校でPTAを作っていったということである。

当時は教育財政が不安定で、施設・設備の不足の補塡、戦災を受けた学校の復旧などの問題があり、「PTAは寄付金徴集の役割をもつことになった。（略）それがPTAを財政後援団体として性格づけた。（略）PTAは地域の個人が入会する団体であるものが「学校への協力」という面が前面におし出されたために在学生の世帯加入という自動的加入会員の団体として発足した」[111]。

要約すると、杉並区のPTAは、看板の塗り替えであり、論議を経ることなく、戦前の保護者組織会長（男性）が代表を務め、財政後援団体の性格を継続し、世帯単位での自動的加入の団体として始まった。このように財政後援団体の性格が述べられているが、母の会の奉仕と修養はどうなったのかについての記述はない。それは、そのまま継続されたと考えていいだろう。言い換えると、PTAは母の会の修養と奉仕を継続しながら、同時に男性を会員とする保護者組織がおこなっていた財政後援も背負うことになったのである。

4　サンフランシスコ講和条約発効後

サンフランシスコ講和条約発効前の一九四九年に、ＰＴＡは社会教育法によって「社会教育団体」として位置づけられたが、五二年の講和条約締結は、ＰＴＡのあり方にさらに影響をもたらした。「民主主義の行き過ぎ」として、「教育を元に復させようとする動きが台頭」したのである。[112]また、五二年十月に「日本父母と先生全国協議会」（現・日Ｐ）が結成された。五四年には、文部省により「「父母と先生の会」参考規約」（一九四七年四月）が、「小学校「父母と先生の会」（ＰＴＡ）参考規約」に改定された。第二次参考規約と呼ばれる新しい規約では、「新しい民主的教育に対する理解を深め、これを推進する」など、四七年の規約にあった多くの規定が削除または変更された。さらに、五六年には教育委員の公選制が廃止され、任命制に切り替えられた。

日本子どもを守る会

こうした動きを受けて、民主主義教育の後退を懸念し、文部省主導のＰＴＡに抵抗して「子どもを守る運動」が起こり、一九五二年に「日本子どもを守る会」（以下、守る会と略記）が創設された。それは、「教育組合の運動と密接に協力する父母の組織」であり、「二つのＰＴＡ運動」と呼ばれた。[113]

守る会は、一九五一年に制定された児童憲章、および子どもの基本的人権を国際的に保障する「児童の権利に関する条約」（一九九〇年に発効。日本では九四年に批准された）に準拠して活動している。六四年以降、『子ども白書』を出しているが、いじめなどの問題についても、中央教育審議会のように「子ども達の精神的な自立の遅れや社会性の不足」に起因するとし、奉仕活動をさせるというような立場はとらない。学校の対応の遅れ、認識の甘さ、学校と教育委員会の隠蔽体質を問題視し、学校・教育行政の構造的問題を明かそうとする。

このように守る会は、行政とは全く異なる方向を目指す一方、行政と共通する概念や考えを持つ。例えば、守る会は「新たな公共性」という概念を使っている。「「新たな公共性」創造のとりくみの中で、「子どもの自己決定」の力をどう尊重していくか（略）、子どもの権利条約の理念を、日々の暮らしの中でどのように具体化していくのか」[114]を重要なテーマとしている。「新たな公共性」は、中央教育審議会による「新たな「公共」」と似ているが、後者が「新たな「公共」＝奉仕活動」とすることとは、全く相いれない立場である。守る会は、地域に根ざした教育と子どものあり方をよしとしている点でも、行政と同一の立場に立つ。同じ言葉を使い、同じ考えを持って子どもの権利を主張、教育行政の問題構造を問うという、困難な試みをおこなっていることになる。

5　一九六〇年代から八〇年代

戦後、義務教育無償制度が導入されたが、それは有名無実であり、一九六〇年代に至っても義務教育費におけるＰＴＡなどの寄付金が四パーセント、学校徴集金を含めた小・中学校における保護者の負担額は教育費総額の六・五パーセントを占めていたことは前述した。しかし、六七年に「公費で負担すべき経費の私費負担解消について」という小尾通達が出され、学校後援会ではないＰＴＡのあり方が模索されていった。また同年、美濃部亮吉が東京都知事に選出されて「革新都政」が生まれ、「革新自治体」が広がった。家永三郎が教科書検定違憲訴訟を起こすのは、六五年である。家永第二次訴訟に対する七〇年の杉本良吉による判決は、国家の教育権に対する国民の教育権を認めて、検定不合格処分の取り消しを命じ、国民の教育権の主張に弾みをつけていった[115]。

一九六〇年代から七〇年代は、学生運動や市民運動の高まりがあった。高度経済成長期、人口増の時期であり、公害が大きな社会問題になった。そうしたなか、市民運動としてのPTA活動やPTA活動を通した市民運動の盛り上がりが見られた。それは、左翼的な思想の影響が強かった時代でもある。

全国PTA問題研究会

前述した日本子どもを守る会と共通した視点を持つ組織として、一九七一年に創設された全国PTA問題研究会（以下、全P研と略記）がある。市民権と民主主義の視点から、また八〇年代後半からは子どもの人権を付け加えて活動を展開した。学校教育やPTAを批判的に考察、警鐘を鳴らし「市民PTA」の方向を提唱した。具体的な活動としては、機関誌「PTA研究」の発行、全国大会、PTAについての相談などをおこなった。

全P研も地域を重要視した。日教組教研（日本教職員組合教育研究全国集会）での「PTAの民主化・地域住民との提携」の分科会をきっかけとして誕生した組織であり、当初から地域とつながる方向性を持っていた。「青少年の育成は地域ぐるみで[116]」という主張は、政府の方針と見分けがつきにくい。しかし、「地域」の捉え方は異なっていて、行政の意思が浸透し、行政が望むものを差し出す地域ではなく、行政を批判する「市民」による教育運動と教育実践の場[117]としての、また民主的な主体としての地域[118]である。

しかし、では具体的に地域とは何かという点に関しては、行政が用意する地域との差異が必ずしも明確ではない。つまり、類似の構成要素を持つ、同じ地域という概念を使って異なる方向を目指してきた。

また全P研は「市民PTA」を提唱したが、市民PTAとは何かについても明確にしているわけではない。それは、「同じ町に暮らしている人たちが町の学校に通う子どもたちの成長を見守り、支え、促し、励ますこと[119]」であり、「子どもを見守れる住民（市民）、教職員、子どもと関わられる、叱れる、励ますことのできる大人達の集り[120]」と説明しているが、行政が規定する地域との差が何かは不明確である。ここでも、同じ言語を使い類似の考えを持って、異なる方向を目指すという問題があった。

日本子どもを守る会とは異なり、全P研は現在活動はしていないようである。

宮原誠一

宮原誠一の『PTA入門』は一九六七年に出版されて版を重ね、八九年には十七版が出されている。同書は「PTAとはなにか」「PTA活動のやりかた」「PTAの教育運動」「PTAをささえる思想」の四章から構成されている。「PTAの教育運動」では、「安全のための運動」「公害とたたかう運動」「子どもを軍国主義から守る運動」「よい環境を作る運動」などの項目が立てられ、宮原はそれぞれ例を挙げて説明している。

「ＰＴＡをささえる思想」では、ＰＴＡが明治期以降の「権利としての教育」という思想の系譜に位置づけられる。公教育制度が確立された明治期、「教育は、国民の権利ではなく、納税・兵役とならぶ国民の三大義務の一つでした。（略）教育そのものが行政であり、国家権力の作用と考えられていたのですから、学校で授けられる教育にたいして親の側からとやかくいう余地はまったくありませんでした」と書く。明治憲法下では「つねに「義務」に重点がおかれ、その「義務」は、子どもにたいする義務ではなく、「国家社会にたいする義務」とされるのがふつうでした。（略）しかし、権利としての教育という思想が、白光のようにひらめいたことは、明治以来何度かあ[121]」ったとして、五つの例を挙げる。

一つ目は、中江兆民が教育を子どもの権利と主張し、「子どもの教育をうける権利を保障する親の義務という考えかた」を打ち出したことである。

二つ目は、明治の自由民権運動のなかで、塾という形態によって青年の学習運動が展開された際、「権利としての教育という思想」が「言外に、若々しく、いきいきと、わきたってい」たことである。「そこにはその後の日本の公教育制度の発達のなかにみることのできない、国民の権利としての教育という思想と実践のなまなましい芽ぶきがあった」とする[122]。

三つ目は「明治三十年代の日本の労働運動のあけぼのの時期」で、「権利としての教育という思想が一瞬するどくひらめいてい」た。社会民主党の宣言は「国家は全く教育の費用を負担すべきこと」などを掲げ、国民の教育を受ける権利を明言していた[123]。

四つ目は「第一次世界大戦後の労働運動の高揚のなかで、教育を権利として要求する思想」が高まりを見せたことである。宮原は「天皇制教育体制の、蟻のはいでるすきまもないような周到な重圧のもとで」の、その歴史的意義を評価する。

五つ目は、一九三〇年に地下組織として日本教育労働者組合が、また合法的機関として新興教育研究所が設立され、権利としての教育を要求する思想が「全面的に開花」したことである。それは、「労働者階級の立場から公教育制度に真正面から挑戦したもの」だったとする。[124]

そのうえで、「戦前の日本の教育は、教育勅語のもとに、忠君愛国の臣民の道を学ぶための国民の義務としていとなまれていました。しかし、（略）教育は人間の権利意識をめざめさせないではいませんでした。（略）こうした系譜をひきついで、いま私たちがPTAのなかに立っているのであることを、おたがいにふりかえってみたいのです[125]」と結ぶ。

「権利としての教育」を説く宮原は、ここではGHQがもたらしたPTAには触れておらず、戦前・戦後連続論である。戦前の保護者組織にも言及はなく、弾圧の対象だった明治期以降の社会・労働運動の流れにPTAを置く。「わが国には、こと公教育にかんして、有志の父母による民間運動というものの伝統がありません[126]」としているにもかかわらず、PTAを中江兆民以下の運動に連ねようとする。実際の系譜ではなく、自分の夢想としての系譜を描き、その継承を誘ったものと言えるだろう。

杉並区の運動

山住正己の『学校教育と住民自治』[127]は、山住を中心とした杉並教育法研究会のメンバーによる論文からなり、杉並区での清掃工場反対運動や小学校・高校増設運動など、住民運動としてのＰＴＡ活動を記録している。山住は、杉並区に住んだ教育学者で、三人の子どもの父として長年ＰＴＡに関わり、一九七〇年代半ばにＰＴＡ会長と杉小Ｐ協会長も務めた。以下では、三つの運動を概観したい。

(1)杉並清掃工場反対運動

一九六六年十一月に、高井戸小学校正門前に杉並清掃工場を建てる計画が通知され、即座に地主や町内会を中心とする杉並清掃工場上高井戸地区建設反対同盟（以下、反対同盟と略記）が結成された。高井戸小学校ＰＴＡ幹部は反対同盟に加わったが、ＰＴＡとしても運動を進めるため、役員会は「交通安全の支障と衛生環境の悪化」を理由に建設反対の決議をおこない、会員の反対署名運動を始めた。また、三十人からなる反対運動促進委員会（以下、反対委員会と略記）を立ち上げ、ＰＴＡ副会長を委員長に据えた。しかし、作戦会議、陳情、デモなどは反対同盟の指揮下でおこなわれた。[128]

一九六九年二月、共産党都議の斡旋で美濃部都知事に面会することができた。清掃工場を見学することになったが、地主や保守系区議と親戚関係にあるＰＴＡ会長の要請で延期された。ＰＴＡは、反対同盟とは離れて独自の運動をすることにし、都との懇談会や弁護士を招いての学習会を計画したが、反対委員会顧問と委員長に脅迫やいやがらせ電話があり、委員長を降りることになった。[129]七〇年二月、都清掃局との話し合いが持たれ、ＰＴＡが出した具体的要望に対して文書での回答が約束された。しかし、約束されたはずの回答はなく、ＰＴＡ会長名で事態の錯乱を意図する文書が出されていたことが判明した、などの経緯が描かれる。

反対運動が原告団による法廷闘争に移り、反対委員会の存在理由が薄れたことから、ＰＴＡによる反対運動は下火になっていった。一九七四年十一月、都と反対同盟の間で和解に至ったというのが大まかな流れである。[130]

当時マスコミにも大きく報道されたこの運動は、清掃工場反対そのものよりも、反対同盟内部や「保守系区議」との確執に煩わされたという印象を受ける。しかし、この運動を通じて、地主・商店会顔役＝男性ＰＴＡ会長という従来のパターンが変えられていったという。人選上毎年とかく不明朗な噂が絶えなかったＰＴＡ役員選出だが、推薦制の温存を計ろうとする校長や教師を論破し、選出制度検討委員会を発足、臨時総会で改正案を承認させた。一九七〇年度に役員選出方法が改正され、新しい選挙制によって、地主との関わりが少ない初の女性会長が誕生した。[131]七〇年代以降、杉並区では女性のＰＴＡ会長が増加、現在、男性会長は珍しいという状況がある。それは、こうした市民運動をきっかけとした変化であった。

下村好代は、この運動を「この地域における根強い封建性に対する民主化の戦い」と位置づける。「ＰＴＡとは思想・宗派を超えて子どもの幸せのために協力する団体である。しかし現実には父母たちはその地域・集団のメンバーとして利害対立を持ち、それがそのままＰＴＡに持ち込まれる。（略）住民運動とＰＴＡが結びつく場合、ＰＴＡがその地域の利害に巻込まれ、本来のあり方を見

に貫かれることが最大の要諦[132]」と結論づけている。

失う。（略）PTAは地域に根を下ろしながらも、あくまで子どもの学習権を保障するという視点

⑵区立小学校増設運動

一九六八年、母親五人が通学上危険性が高い環状八号線を横断しないで通える場所に小学校建設を求める運動を起こした。その後、五つの周辺小学校PTA連合組織に責任を移し、区議会、都議会、教育委員会に請願書を提出、陳情・要望などをおこない、最終的に採択された[133]。

新設校に対する要望を伝えるために数人の母親が、PTAの組織には頼らず、高井戸東小学校学区域母親連絡会（以下、母親連絡会と略記）を立ち上げた。従来のPTAでは、行政に対し「本当に下からの要請を強く主張できないのではないか、という不信」があったためである。母親連絡会は要望事項をまとめ、区との話し合いを持ち、調査結果に基づいて、ガードレール、一方通行、車の時間制限、車両制限、新しい通学路の指定など十一項目を要求した。施設環境については、大気汚染対策、手洗いの高さ、腰かけ便器などの十四項目を、その他として校庭の開放、学童保育の併設などの七項目を提示した。学童保育については、千九百三人の署名をつけて区議会に請願、補足陳述もおこない、学校併設を実現することができた[134]。

高井戸東小学校が開校するのは、一九七三年である。しかし、PTAづくりが難航した。PTAに対する強い不信感があり、定型の枠にとらわれない組織を急がずに模索することが合意されたが、PTAづくりを進めようとする学校側との軋轢も生じた[135]。二〇一六年七月現在、同校のウェブサイ

トにPTAのページはないが、年表には七八年に「父母と教師の会」が発足したことが記されている。開校五年を経て、PTAではなく「父母と教師の会」の名前で保護者の会が作られたことがわかる。

(3)高速道路反対運動

一九六六年、富士見丘小学校前に中央自動車道と東京都市計画道路放射第五号線建設が計画された。これに対して、富士見丘小学校で反対運動が起きるのは七二年である。校長と教頭は道路建設を容認、先生は無理解、PTAは消極的という状況のなかで、七三年、有志で富士見丘子どもを守る会(以下、守る会と略記)を立ち上げた。[136]

「この道路がほかを通ればよいとか、学校を移動させればよいとかいうことではなく、すでに車が飽和状態になっている都内に、さらに大量の車を流入させて大気汚染を悪化させるような車中心の行政のあり方そのものへの批判を土台」とする運動であり、「子どもたちの幸せには便利さよりきれいな空気が、スピードよりも健康が、経済的繁栄よりも人間的豊かさこそ大切ではないか。話の行きつく先はきまって世直しの必要性」だった。この視点が「地域エゴだとか、子どもしか考えない母親の偏狭だとする批判に対して反駁しうる根拠を与えた」と秦裕子は記す。「学校のいうなりになるPTAから、真に子どもの幸せを考え行動する自主的PTAに脱皮しなければならない」という思いがあった。[137]

教頭やPTA会長による妨害をはねのけ、守る会代表をPTA会長として、一九七三年度PTA

を発足させ、高井戸公害対策協議会が日本道路公団と東京都の三者で結んだ協定書に、学校前の遮音壁を三メートルにする、インターを凍結する、学校内外の環境を測定するなどの対策を盛り込ませることができた。PTAで署名を集めて区・都・国会請願をおこない、国会では社会党議員が、参議院の文教委員会では社会党議員と共産党議員がこの問題について質問、建設大臣や文部大臣、道路公団総裁が答弁に立ったが、学童を公害から守るという約束はされなかった。[138]

一九七五年には、守る会は区教育長や公害課、学校施設課、都の公害研究所、環境庁、建設省、文部省などへの陳情・談判をおこなった。また、国会請願の成果として、日本道路公団、東京都、杉並区教育委員会、富士見丘小学校、PTAの五者による五者協議会がおこなわれた。しかし、道路公団は、五者のうちの四者が反対でも束縛されず、強行するという態度で、話し合いは終始平行線に終わった。[139]

その後、空調機・二重窓の改善、学童の定期健康診断強化、学校前の定速走行などを骨子とする調停案を区が作成した。健康の保障がなければ中央道開通を認めないとするPTAの主張とはほど遠いものだったが、PTAは屈せざるをえなかった。[140]

この問題は四十年近くを経過して、現在動き始めている。二〇一四年の杉並区教育委員会の「富士見丘小学校教育環境懇談会まとめ」は、PTA会長二人を含め、一三年度におこなわれた懇談会の内容を報告、富士見丘小学校の改築検討時期が近づくなか、小学校移転や運動公園整備事業などを含めた計画を明らかにしている。また、この「懇談会まとめ」には「富士見丘小学校PTAには、他のPTAには例の見られない公害特別委員会が設けられ」、〇七年三月まで活動が続けられたことも記されている。[141] その参考資料として一九七六年四月二日付の手書きのPTA「五者協議会確認書」のコピーが添付されていて、親の苦しい思いを伝えている。

東京・中野区の運動

大河内昭子『校庭は守られた』は、東京・中野区江原小学校の六年近くにわたる運動の軌跡を描いた本である。一冊の本として詳細に運動の局面が描写されているだけでなく、運動から三十六年を経て出版されたという点でも異色である。区長や区議会に提出した陳情書などの書類、新聞記事、著者が書き留めたメモなどを立教大学が保存していて、一部を資料として同書で掲載している。著者は、一九七四年度PTA会長である。

江原小には、校舎に隣接する第一校庭と、区道を隔てた第二校庭があったが、一九七〇年、第二校庭に幼稚園を建設しようとする区の計画が浮上、PTAが反対運動を起こした。運動の結果、校庭は守られ七四年に幼稚園は別の場所に開園したが、続いて学校校舎の建て替えに際し、日照権をめぐって近隣住民と争い、PTAの反対を押し切って、七五年に新校舎の強硬着工がおこなわれるまでの経過を描いている。

運動の内容は、PTAの署名運動、中野区議会への陳述、陳情行進、JR中野駅での街頭署名、美濃部都知事との会見、文部大臣への面会申し込み、校舎建設資材搬入阻止などである。区の計画に賛成する校長とPTA会長、町内会役員による反対運動牽制、それに同調する父母、運動を再検討しようとする教師、官僚的で高圧的な教育委員会などとの確執があった。運動は日教組とのつながりがあり、「アカの人達」という中傷を受けた。

しかし、中野区在住の教育学者などから支援を得た。東畑精一、土屋喬雄、海後宗臣、大河内一男、清水幾太郎、金沢嘉市が連名で中野区議会と教育委員会に意見書を提出し、中野区の平和と民主化を目的に中野区在住の学者・文化人によって発足した中野懇談会の支援も得、公会堂で区民集会が開かれた[142]。

大河内は、この運動を評価して「ＰＴＡというものが単に父母と教師の学習する団体ではなく、教育的正義のために行動する団体でなければならないことを明確に示すことができた[143]」とする、金沢嘉市の寄稿を引用している。この運動が多くの知識人の支援を受けたことは、一九七〇年代という時代背景を語るものだろう。大河内は、運動のなかで現行の教育委員制度に疑問を持ったことが、教育委員公選制復活を求める運動につながり、八一年には教育委員準公選制の実施があったとする[144]。

しかし、荒井文昭と西村文夫は、教育委員準公選の運動の母体は、「中野の革新区政・革新区議団、区教員組合、革新区民」が支援した「中野の教育をよくする会」だったとし、「ＰＴＡの運動が準公選の引き金となり、それを推進する力になったということはできない[145]」としている。

荒井と西村は次のように続ける。


ＰＴＡで問題を意識した主体的市民が、ＰＴＡに在籍しているときはその場で、そこを離れれば他の場で運動を進める軸になっていることは多いし、そのような市民を多く育てる契機になったという意味で、ＰＴＡは日本の教育の民主化、市民の教育権の主張に一定の役割を果たしているが、ＰＴＡという団体が学校の内部の問題、地域との関係を超えて、教育権にかかわる運動を進めたという例はみられない。[146]

山住正己

『ＰＴＡで教育を考える』で、山住はＰＴＡに関する考えを語る。副題にある「眠れる獅子」とはＰＴＡを指す。「もしも全会員がＰＴＡにひそむ問題にとりくみ、教師会員と父母会員が聡明な協力をつくりあげれば、日本の社会は根底から確実にかわっていく。（略）「眠れる獅子」が眼をさまして、たちあがる可能性はあるのだ。それだけにこの獅子を眠らせておこうとする人たちもいる。（略）その先頭に立っているのが、残念なことに、文部省である」[147]と批判する。

山住の出発点は、改定される前、一九四七年の「「父母と先生の会」参考規約」にあった「民主社会における市民の権利と義務」を理解するための成人教育である。「ＰＴＡは、いま曲り角にあり、学校後援会から社会教育団体へと転換中である。（略）社会教育団体であるということは、私たちおとなが自分自身を成長させていく場であるということ」とし、行政に教育されるのではなく、ＰＴＡは自分自身を成長させる場としての社会教育団体であると読み替える。[148]

「ＰＴＡは強制加入を求める団体であっていいわけがない。しかし、子どもたちが通う学校を基盤として成立し、彼らの幸福実現を究極の目的として父母と教職員が協力するという団体であれば、その目的や活動方法について、ていねいに語って、参加を求めるようにすべきである」と山住は言う。つまり全員参加を期待している。

ＰＴＡについては強制加入はよくないが、任意加入であると会員がゼロになることもありうるとして、一九五〇年代前半に杉並区立桃井第二小学校のＰＴＡ会長・安井郁が編み出した「当然加入」という新語に、山住は言及する。安井は、東京帝国大学教授時代に大東亜国際法を提唱した法学者で、戦後公職追放になったが、復帰した人物である。山住は、「当然加入」の考えは「傾聴すべき内容をふくんでいる」[149]という。つまり、「強制加入」は避けたいが、「当然加入」は支持している。しかし両者は、実質的に同じことである。

山住は、母親にとってＰＴＡには特別の意義があるとし、雑誌「思想の科学」に掲載された次の文を引用する。

戦後、家事と育児を女の天職と信じて疑わない女性を、家の内から外に引き出したのはＰＴＡであり、婦人学級だった。（略）「ＰＴＡは子どもの幸せのためよ」は、女が外に出る大義名分をあたえたからである。少なからぬ女性たちが、そこを拠点に社会への目を開いていった。そのことは今もかわっていない。[150]

山住はこれを「大事な指摘である」[151]とする。しかしこの考えは、戦時中の国防婦人会などの活動が婦人を家庭から外に連れ出し、「地位向上」や「解放」につながったとする考えと同類のものである。それは「国家のしかける大きなわな」[152]として、フェミニストが批判するところである。また、女性の社会的活動の範囲は、常に国家による監視や統制の対象であり、「子どもの幸せのため」に

「女が外に出」ていったと考えるのは単純すぎるだろう。

山住は「婦人を市民運動の担い手に育てうるというPTAの可能性をいっそう拡大していくことは、今後も大いに期待できるし、それが期待できないのであれば、日本の民主主義は困難な道を歩むことになる」[153]と論じる。つまり、PTAは「婦人を市民運動の担い手に育て」、「日本の民主主義」を進めることをより大きな目的とすると山住は考えていた。

PTA会長だった一九七四、七五年度に「やり切れない思いをさせられた」のは卒業式での「君が代」斉唱と日の丸掲揚だったという。校長や来賓は演壇に上がると、日の丸の方向に頭を下げる。山住は「私は、たちまち三十数年前の小学校時代を思い出して、ぞっとした」という。そして、会長として祝辞を述べるために上がった演壇で、頭を下げず「君が代」も歌わなかったのである[154]。

山住は一九八一年度「教科書問題を考える市民の会」事務局長を務め、「日の丸・君が代」「歴史教科書問題」などに関する多数の著書がある。国家主義的教育に反対する一方、PTAは婦人のためになくてはならないものと考え、「当然参加」を期待していたのである。

6　二〇〇〇年以降の動向

ここでは、PTAに関して二〇〇〇年以降に著されたいくつかの著作を見ていこう。まず、いちばんの大著は『日本PTA史』である。「市民派」PTAの論客を中心にした十六人の執筆者による八百六十六ページの本で、第一章「原理」、第二章「歴史」、第三章「各論（事例）」、第四章「PTAの現状」、第五章「資料編」で構成されている。第一章「原理」は六節からなり、ほぼすべてPTA導入当時を扱っている。第二章「歴史」は四節からなり、二つは導入当時、二つは一九七〇年代以降の課題に関するものである。第三章「各論（事例）」は七節、第四章「PTAの現状」は四節からなり、第五章「資料編」が全体の約六割を占める。

冒頭論文で三井為友は「日本の国土に下から盛り上る力など、永久に発生しない」、「アメリカのPTA活動やアメリカ社会の実態がどんなに見せつけられても、民主主義者は生まれてこない」、日本のPTAは「ニセモノ」「不肖の子」であると厳しく論断する。「自主性を爪の垢ほども身につけていない日本人は、出生と同時に上下序列の中に位置づけられた。（略）このような序列社会に民主主義の木を植え繁らせようとは、全く無駄なことであった」という[155]。

しかし、アメリカには西部開拓時代からの「自治の見本」がある。「成人男女はすべて平等で、平等の発言権を持ち、多数決決定に際して平等の一票を持つという関係」があり、そこでは「小集団討議様式が大切である」。それはのちに全員参加、全員発言、平等発言を基礎とするバス・セッションという討議法になった。日本のPTAも全体司会者を立て、平等の立場で小集団討議をおこない、全員が意見を出して、異なる意見を歓迎することによって「発言の習慣と、平等感の育成を図ることができる。そうすれば、日本人の中にも絶無に近かった自主性が必ず芽生えてくる。ここから民主的集団が生まれる[156]」としている。長年にわたってPTA問題に関わった著者だが、アメリカの自治と平等を理想化する一方、日本のPTAには深く絶望していたようだ。

杉村房彦は、「占領下におけるPTAの地域への定着過程」で、PTAが「天下り的につくられた」ことを認めながらも、親と保護者の自主性や「下からの」動きがあったことを見ようとする。九州や四国のいくつかの学校での実例を取り上げ、どのような思いや経緯、意図を持ってPTAが導入され、どのような活動があったかを論じている。それらの例は、PTAの形成過程には多用なベクトルが交差していて、CIE・軍政部・文部省の枠組みに従属することがないPTAの活動があったことを示す。そして各地域への定着過程の全容を把握するためには、実証的な地域研究や事例研究を続けていくことが必要だとしている。(157) 杉村は行政の言いなりではなく、保護者の自主性や主体性を発掘したいのだが、ここで見てきたように行政はPTAを自主的な組織としている。保護者の自主性を掘り起こすことが、行政の取り込みへの抵抗になるというよりも、その主張を支えてしまうことにならないかという疑問が残る。

井上恵美子論文「占領軍資料にみる日本へのPTAの導入過程」は、GHQのPTA導入の意図と政策の展開過程を論じている。従来、GHQ側の資料が得られないなか、この時期の研究は日本側資料や証言によってなされてきたが、その後資料が公開された。井上は、この公開された資料を検討するなかで、特にCIE社会教育担当官ネルソンとPTA全国協議会に関する事柄などを論じ、細部に関わることにも触れていて興味深い内容になっている。それによると、「数だけは増加したものの、GHQ、そしてネルソンが考えた教育の「分権化」の一環としてのPTAの役割は、(略)充分に地方のPTAに自覚されるには至らなかった。さらに、全国組織結成の過程において、政府とPTAとの癒着問題・利権争いが露呈し、民間団体であるPTAを政府の統制から引き離すという当初の狙いは、最後まで果たせないまま占領は終わる。（略）上からの占領政策では、容易に日本的体質は修正できなかった[158]」と結論づけている。

しかし、「日本的体質」に帰すべきではないのではないか。市民社会に属すべきものを国家に取り込み、統制することへの飽くなき欲望は、必ずしも「日本的」であるわけではない。

『日本PTA史』序文は、その意図を「PTAとその歩みの評価ではなく、（略）その評価分析の土台の一つとしての資料・情報の提供であり、その本旨はあくまでも「資料をして語らせ」「後進をして論じさせよ」というところにあり、従ってここでは努めて禁欲的に補足注釈を加えるにとどめ、その解釈と評価のすべては将来に譲りたい」とする。そして、「創始から主として一九八〇年代末までの、あらゆる資料が網羅されてい[159]」るというが、資料情報の提供は十分とは言えず、偏りもある。また、論文のレベルは不揃いである。

「あとがき」で、藤田博は「「なぜPTAは日本に定着することができなかったのか」、この疑問は、角度を変えれば、日本の教育そのものを問うことだ[160]」と書く。PTAという組織自体は日本各地に定着しているので、民主的な組織としてのPTAが日本には定着しなかった理由を問うものと思われる。それは戦前・戦後の断続史観に基づく問いである。『日本PTA史』は、占領軍のPTA導入から始まっていて、戦前はあまり視野に入れられていない。しかし、ここで見てきたように、PTAが戦前の保護者組織の「看板の塗り替え」であることは、あちこちで言及されている。戦前を視野に入れれば、その問いへの答えを得るのは、それほど難しいことではないだろう。

杉村房彦の博士論文

杉村は二〇一一年に博士論文「日本のPTA 前史と発足過程の研究」（以下、「日本のPTA」と略記）を著した。全三冊の大著である。その目的は、「学校教育にたいする親の教育権行使のルートとしての、また学校教育の原理が要請する親参加の方法としてのPTAの必要性（略）と可能性とを明らかにし、二十一世紀に向かってPTA復権の見通しを立てること」である。「「PTA復権の」ということばづかいは、PTAの現状があまりにもだめであるという否定的評価と、しかし同時に、だめでないものになる可能性を秘めているると見通す立場とを示している」[161]という。

序章「一九六〇年代後半以後のPTA論」、第一章「PTA前史（親の参加の歴史：明治ゼロ年代から［八・一五］まで）」、第二章「戦後――「参加」の模索と一つの収斂：公選制教育委員会」、第三章「発足当時のPTAに期待された二つの役割」、第四章「PTA遺産――発足当時の「PTAらしい」活動と言説」、終章「PTA改革への遺産と課題」、補論ⅠとⅡ、あとがき、付録1と2という構成である。

第一章「PTA前史」は、明治初めから敗戦までの状況を描く。学制施行、自由民権思想、教育勅語体制、大正期の「新教育」運動や児童中心主義、「昭和ファシズム」時代の教育という流れを追い、母の会にも触れている。戦前・戦後連続説の立場をとるが、親の自発性と下から沸き起こる力を通時的に発掘し、現在のPTAとの関連と関係を見ようとしている。本書が焦点をあてるのは奉仕と修養の連続だが、杉村の焦点は戦前・戦後を通した親の自発性・主体性の連続に置かれている。

杉村は「教育行政が仕掛けたわけではない、いわば自然発生的な「母の会」の典型例として久保田亀蔵の実践がある」と書く。それが「自然発生的」であったことを示すために、『国民学校母の会の実践』で久保田が描写した学級懇談会を引用する。世話人五人、会費月十銭で母親を中心とした会で、学校弁当の問題、服装問題、運動会・遠足などの問題を話し合い、その他、親子で楽しむ行事も催して「愉快」で「面白」く、老齢者の参加もあった。二年続けてほとんど全員出席という状況だったが、関東大震災で消滅したという個所である[162]。関東大震災は一九二三年九月なのでそれ以前の話だが、久保田はこのエピソードについて具体的な学校名を書いていない。それは鉄砲洲小学校と泰明小学校についての記述と対照的であり、どの程度の信憑性があるかは不明である。

杉村は続けて、泰明小学校での久保田の「「母の会」づくりはいっそうたくみだった[163]」として、久保田がそれを描写する個所を引用する。それは当初、規約は作らず申し合わせをしただけだったが、次第に親と教師から意見・要求が出るようになり、二年目、三年目に学年ごとの会を増やしていき、「毎月開催していると、その評判が学校内に於て、或は町で盛んになった。母の会の会員は自分のものとして大切に育て上げ、然も他人には輪に輪をかけて吹聴するものだから四年以上の母達は、しきりと母の会の設立を申し込んで来た」という個所である。そして、六年かけて全校母の会が完成したが、卒業児童の母たちが「これで母の会を退会することは一面苦痛である（略）というので遂に母の会卒業と同時に母親会をつくった。これは会員の熱意から生れ出たもの」とする。

さらに、「斯様にして発展するならば十年二十年の後には、泰明同窓会と泰明母親会とで町のことは何でも出来るやうになる。その時始めて学校中心教育が立派に行はれ、国民学校教育が徹底するわけである」としている。[164]これについて杉村は、「これこそ community school の実現であろう。（略）久保田の考え方と実践の多くは戦後日本のＰＴＡの〝よき先取り〟といってよい[165]」のだという。

そして東京市連合母の会創立時になってはじめて、久保田の態度に変化があったとする。連合母の会会長に就任したのは、久保田が推挙し、満場一致で賛同された東京市教育局長である。「教育行政の長を自ら積極的に推挙する久保田の行動は、明らかに彼のそれまでの「母の会」への姿勢と異質のものだった。しかし、ボトム・アップからトップ・ダウンへの組織運営と活動のこのような転換は、（略）余儀なくされた変節だったのかもしれない」と杉村は考える。それでも、「「母の会」を学校ごとに設けるのは、親の学校参加のルート＝学校教育関係団体として機能させるためではなく、あくまで「家庭教育ノ振興」のためだった[166]」と認めざるをえないのだが、「親の教育参加」を見ようとするあまり、無理な読み込みをおこなってしまっている。

「日本のＰＴＡ」では、日本各地の学校とＰＴＡの多数の例を挙げているが、理論や枠組みとなるものが何かは述べていない。長年にわたって管理主義的・国家主義的教育を批判、心ある親にとって「駆け込み寺」「最後の歯止め」となるよう全国ＰＴＡ問題研究会でも活動し[167]、ＰＴＡの問題を問い続けてきた著者の研究の集大成という意味づけがあると思われる。杉村はあくまでも、親の教育権の可能性を信じたいという望みを持ち続けていた。

楽しいPTA

「朝日新聞」のWEB新書は、二〇一五年六月に『PTAは必要ですか　校長との懇親会でチークダンスって』（朝日新聞デジタル SELECT）を出した。PTAは必要か不必要かを主なテーマにするが、最後を次のように結んでいる。

　PTAが入退会自由という原則は、知られつつあります。でも実際に退会を選ぶことは簡単ではありません。だからこそ、楽しむ人が増えるようなPTAの形を原点に戻って考える必要があるのではないでしょうか。

　つまり入退会自由の原則は建前にすぎず、退会は難しいから、それなら楽しめるPTAを作りましょうという趣旨である。結局、現状を受け入れて続けていくことを勧めるのである。

「楽しいPTA」は、最近目立つテーマである。二〇〇〇年代に出された一般向けの書籍として、小田桐誠『PTA改造講座』（〈生活人新書〉、日本放送出版協会、二〇〇二年）、川端裕人『PTA再活用論』（〈中公新書ラクレ〉、中央公論新社、二〇〇八年）、大塚玲子『PTAをけっこうラクにたのしくする本』（太郎次郎社エディタス、二〇一四年）、山本浩資『PTA、やらなきゃダメですか』（〈小学館新書〉、小学館、二〇一六年）などがある。大塚を除いて、著者はPTA会長・副会長の経験を持つ。共通するのは、PTAには様々な問題があることを踏まえたうえで、工夫し、役割分担によって会員の負担を軽減してやっていこうというポジティブなスタンスであり、『PTA改造講座』を除いて「楽しい」活動を提唱している。

小田桐は、小学校PTAの副会長・会長、中学校PTAでの会計監査・会長など七年間の役員経験を持つ。著書では、PTAの歴史や日Pの問題などに触れた後、「PTA活動は新たな自分の発見の場になったり、ボランティア活動のきっかけになったり、パートや常勤で仕事を始めるステップになったりするようだ。(略)授業参観や行事だけではわからない学校の中の子どもたちと先生の実態を知るチャンスでもある。信頼し合える仲間を見つけ、学校や教育に関心を持ち、子どもたちを取り巻く環境を知り、改善するために、PTA活動に一歩踏み出してほしい[168]」と結んでいる。

川端は、東京・世田谷区の小学校で五年間、PTA役員を務めた。現実はどうであれ、PTAは「二十一世紀の成熟社会において「自立した市民が、みずから学んだ成果を共同体に還元する」モデルになりうる」「その萌芽はある[169]」と考えていた。『PTA再活用論』では、ボランティア制度にする、負担を分散させる、全員に参加の機会を与える、楽しくするなど実例を引いて提唱した。しかしその後、PTAを退会し、憲法学者木村草太とPTAに批判的な対談をおこなうなどした。大塚の『PTAをけっこうラクにたのしくする本』は、PTAにはいろいろ問題はあるが、工夫して負担を楽にし、楽しく活動していこうという内容である。山本は『PTA、やらなきゃダメですか』で部活形式、完全ボランティア制などを取り入れて工夫し、フットワークと負担を軽くして楽しくやっていこうと提唱する。欧米のPTAをいくつか簡単に紹介し、世界レベルのPTAを目指そうと呼びかけている。

これらの本は、PTAを維持しようとする力の真の意図は何なのかを問うことはなく、表層の活動を積極的に、あるいは楽にやっていこうという態度で共通している。それはPTAの延命を助けるが、問題解決にはならない。実は、同じ考えは『PTAハンドブック』でも述べられている。「常に必要な見直しを行いながら、すべての会員が等しく参加できる機会が与えられるような組織を考えましょう」[170]と誘っているのだ。つまり行政が要請していることをやっていきましょうと呼びかけるものであり、そうした行為は「PTAは親が任意でやっている」という行政の言い分をさらに支えることになるだろう。

負担軽減は各所で提唱されて、現在進行中である。都小Pが発行する「PTA東京」第二十七巻第二号（二〇一六年三月二十日号）は、東京二十三区、二十五市、四町、一村、四百八十の小学校におこなったアンケート結果として、役員負担を減らすために副会長の人数は平均四人だが、十人以上設けているのが二十六校、十六人という学校もあるとしている。

行政側には、過度の押し付けはよくない、逆効果になりかねないという認識はある。多数の親がいやだと言えば、強引に強制することはできないのだが、みんなで少しずつ楽しく負担しましょうと誘い、より多くの親の動員をこれらの書籍は提唱するのである。

入退会自由の原則

二〇一〇年二月、文科省委託PTA全国調査のシンポジウムで「PTAは入退会自由と周知すべきか」が討論された。「画期的だったのは、「入退会自由」という事実を官僚からPTA役員まで共有した上での議論だった点だ」という。二カ月後、文科省は都道府県教育委員会に対し、優良PTA表彰は「任意加入の団体であることを前提」とすることを通達した。[171]

「朝日新聞」は、PTAを変えようという動きがこの二年ほどの間に各地で起き、入退会自由の原則を周知する動きが続いているとし、いくつかの例を紹介している。例えば、岡山市立西小学校は二〇一一年度から任意加入にしたという。会費を二回に分けて集めたところ、前期は九四パーセント、後期は八七パーセントの家庭が納めた。しかし、PTA会長は「子どもが学校に通っている以上、親が何らかの形で学校にかかわるのは当然」[172]「任意加入ではあるが、一〇〇%加入を目指すという形で決着させた」[173]と発言している。岡山市立西小学校PTAのウェブサイトを見ると、「全保護者のPTA参加を！」[174]と呼びかけている。

また、二〇一三年から札幌市立札苗小学校PTAでは、入退会は自由という原則を規約に盛り込み、すべての委員会の廃止を決めて役員会をスリム化、有志が登録する「役員サポーター」らが行事を担っているという。[175]札苗小学校のウェブサイトには、委員も廃止、完全ボランティア制とあるが、「平成二十八年度四月一日PTAの入会率は九五・五%です」[176]とある。この数字は、全員加入に近いということである。

岐阜市立鏡島小学校PTAも、自由に入退会できることを周知、加入意思を問うたところ、五百四十二世帯のうち加入しないと回答したのは十六世帯だった。[177]これらの数字からは、加入を強く迫る力の存在が感じられる。

ただし、すべての小学校で入退会自由の周知がおこなわれたわけではない。「PTA東京」第二十八巻第一号（二〇一六年十月三十一日号）は、都小Ｐの実態調査で六二パーセントのＰＴＡが任意加入を説明、四六パーセントで加入の意志を確認したと報じている。続けて、「一家庭でも未加入の家庭があるＰＴＡは二一％で、そのうち九一％で実費徴収の場合を含めＰＴＡからのお知らせや物品を提供してい」るとしている。

行政はＰＴＡを「自主的な任意団体」としている。しかし、通達から六年を経ても、東京の小学校で任意加入説明があったのは六二パーセントにとどまっているということであり、保護者が当然知っているべきことさえ知らされていないのが現状である。「一家庭でも未加入の家庭があるＰＴＡは二一％」ということは、全員が加入していないＰＴＡは二割程度ということになる。

ＰＴＡの形骸化、不活性化、不要性、停滞、改革、活性化、再生、立て直しなどは、繰り返し言われてきたことであり、行政は活性化や再生のために、様々な手段で介入してきた。全員加入が問題であることは、すでに一九四八年に指摘されていた。ほぼ七十年経過したにもかかわらず、実質的には何も変わっていないという状況は、意図的に作られていると考えていいだろう。

木村草太の助言

木村草太は、「法律家がきちんと説明する努力を怠ってきた」とし、法律家の視点からＰＴＡの問題点を指摘している。憲法二十一条は「結社の自由」を保障するが、「結社しない自由」もあり、加入を強制してはならないことは憲法の「大原則」であるとし、次のように続ける。

強制加入制度が許されるのは、公益上の必要があり、かつ法律の根拠がある場合（例えば、健康保険組合や弁護士会など）に限られる。教育基本法にも学校教育法にも、加入を義務付ける規定がない以上、ＰＴＡは法的には任意加入の団体である。したがって、強制・自動加入を定める規約や慣習があっても、法的には無効になる。（略）学校がＰＴＡに在校生や保護者の名簿を提供するのは、個人情報保護法が禁ずる個人情報の第三者提供になる。会員名簿を作りたいなら、積極的に加入意思を示した人に加入申請書を書いてもらい、ＰＴＡ自身がそれを集めるべきだ。強制・自動加入体制を敷いたり、参加しない保護者に圧力をかけたりするのはやめた方がいい。強制徴収した会費でプレゼントを配るのは一種の押し売りになる。会員への労役強要や非会員への心理的圧力が過大になってイジメのような事態に発展すれば、不法行為として役員やＰＴＡが損害賠償を請求される危険すらある。（略）ＰＴＡの趣旨に賛同する人々は、ＰＴＡで活躍してほしい。他方、企業活動を通じた社会貢献や、家庭でじっくりと子どもと過ごす時間を重視したい人などには、その自由を認めるべきだ。[178]

きわめて妥当な意見だろう。

『ベルマークのひみつ』

ＰＴＡそのものについてではないが、関連する事柄について書かれた著作として、高井ジロル『ベルマークのひみつ』がある。子どものころ見慣れていたベルマークとは何だったのだろうと、大人になってから再訪する本である。ベルマークを批判する意図はないのだが、ベルマークで買えるグッズや、製品に付けられている現行ベルマーク、ベルマークレアものコレクション、ベルマーク一覧表の変遷など、いわば「キッチュ」なベルマーク・ワールド探訪になっていて、ビジュアル的にも面白い。例えば、一九七五年に、雑誌「暮しの手帖」第三十四号（暮しの手帖社）が「ベルマークよ、さようなら」という特集を組んだことを紹介している。その特集のなかで、編集長・花森安治による前文が掲載された。

道ニ空箱ガ落チテイタラ
マークハナイカトヒロイ
路傍ノ屑箱ヲアサツテハ
マークガアツタトヨロコビ
乞食ノヨウナ真似ヲ親ハ
ワガ子ノタメトガマンシ
イイエ物ヲ大切ニスルヨイ
機会ト胸ヲ張ル教師モアル
ソンナ運動ハヤリタクナイ

宮沢賢治の「雨ニモ負ケズ」のパロディーだが、この批判的内容に現ベルマーク教育助成財団が介入し、翌号は「ベルマークよ、こんにちは」と題して専務理事による見解が掲載されたという。[179]ベルマークの歴史の項では、その運動の特色として「経済的成果と精神的成果が並存している」ことが挙げられている。初代理事長の有光次郎が、運動の二十五周年史刊行にあたって残した言葉だという。[180]それは序章で見たように、経済と道徳を融合させる報徳思想を指すものだろう。

注

(1) 久保田亀蔵『国民学校母の会の実践』麴町酒井書店、一九四一年
(2) 奥村典子「戦時下における小学校母の会の展開——学校を介した母親の動員をめぐって」「日本教育史研究」第二十九号、日本教育史研究会、二〇一〇年、四一ページ
(3) 同論文四四ページ
(4) 前掲『国民学校母の会の実践』一六ページ
(5) 同書二ページ
(6) 同書四五ページ
(7) 同書四七ページ
(8) 同書二一三ページ
(9) 同書一七〇ページ
(10) 同書一三七ページ
(11) 同書一ページ
(12) 同書一九七—一九八ページ

(13)同書一四二―一四三ページ
(14)同書一四三、二〇三、二一〇ページ
(15)同書一四九―一五一ページ
(16)同書二〇四ページ
(17)同書一七〇ページ
(18)同書一五五ページ
(19)同書一五一、二一一―二一二ページ
(20)同書一六五、二一三ページ
(21)同書二一〇ページ
(22)同書一八三ページ
(23)前掲「戦時下における小学校母の会の展開」四八―四九ページ
(24)前掲『国民学校母の会の実践』一八八―一八九ページ
(25)同書一九〇―一九二ページ
(26)同書一九五―一九六ページ
(27)同書一九六ページ
(28)同書一七五、一八六ページ
(29)同書二一三、二一四ページ
(30)前掲「戦時下における小学校母の会の展開」六三ページ
(31)前掲『国民学校母の会の実践』一七六―一七八ページ
(32)同書一七八―一七九ページ

(33) 同書一八二―一八三ページ
(34) 文部省編『国体の本義』文部省、一九三七年、九―四九ページ
(35) 「結成第一歩を踏み出す東京市学園母の会」「教育週報」一九四三年四月十七日付
(36) 前掲『杉並区教育史』下、一二四ページ（原文はカタカナ）
(37) 「市政週報」一九四三年五月二十二日付、藤田博「PTAをどう受け止めたか――行政・教師・父母の対応」、PTA史研究会編『日本PTA史』（学術叢書）所収、日本図書センター、二〇〇四年、一三八ページ
(38) 前掲『杉並区教育史』下、一二五ページ（原文はカタカナ）
(39) 同書一二五―一二六ページ（原文はカタカナ）
(40) 前掲「戦時下における小学校母の会の展開」五〇ページ
(41) 千野陽一編集・解説『激動の十年：一九四〇年代』（「資料集成 現代日本女性の主体形成」第一巻）、ドメス出版、一九九六年、四五―四八ページ（原文はカタカナ）
(42) 前掲「日本のPTA 前史と発足過程の研究」二〇七ページ
(43) 前掲『国民学校母の会の実践』一七三ページ
(44) 同書一七ページ
(45) 奥村典子「戦時下家庭教育政策――家庭における練成の展開過程を中心に」、お茶の水女子大学大学院『人間文化創成科学論叢』編集委員会編「人間文化創成科学論叢」第十一巻、お茶の水女子大学大学院人間文化創成科学研究科、二〇〇八年、三一九―三二〇ページ
(46) 前掲「戦時下における小学校母の会の展開」六三ページ
(47) 前掲「戦時下家庭教育政策」三二〇、三二七ページ

(48)前掲『杉並区教育史』下、一二四ページ（原文はカタカナ）
(49)同書一〇一―一〇三ページ（原文はカタカナ）
(50)同書一〇六―一〇七ページ（原文はカタカナ）
(51)同書一一一―一一二ページ（原文はカタカナ）
(52)同書一〇六ページ
(53)同書一一二―一一三ページ
(54)同書一一二ページ
(55)同書一二二、一三二ページ
(56)相京伴信編輯、大日本連合婦人会編『大日本連合婦人会沿革史――系統婦人会の指導と経営』（「愛国・国防婦人会運動資料集」第七巻）、日本図書センター、一九九六年、五ページ（原文はカタカナ）
(57)同書七―八ページ
(58)同書八ページ
(59)同書二ページ
(60)大日本連合婦人会編、片岡重助『系統婦人会の指導と経営』大日本連合婦人会、一九三五年（前掲『大日本連合婦人会沿革史』所収）
(61)同書二六、三四―三五ページ
(62)同書四三―四五ページ
(63)同書一四九、一四五ページ
(64)同書九一、一四四―一四五ページ
(65)同書二二―二三ページ

(66)同書三二ページ
(67)同書一八―一九、一四、二〇ページ
(68)同書一三〇―一四一、一三二ページ
(69)同書一三二―一三三ページ
(70)同書一三二、四六、五〇、一三三ページ
(71)同書八七―九〇、九五ページ
(72)片岡重助「婦人団体の経営を聴く」「家庭」第六巻第二号、大日本連合婦人会、一九三六年、一八ページ
(73)前掲『系統婦人会の指導と経営』八九、八三―八五ページ
(74)片岡重助「婦人会経営指導講座」「家庭」第八巻第一号、大日本連合婦人会、一九三八年、六二―六六ページ
(75)前掲『系統婦人会の指導と経営』一六―一七ページ
(76)千野陽一『近代日本婦人教育史――体制内婦人団体の形成過程を中心に』ドメス出版、一九七九年、二七〇ページ
(77)前掲『大日本連合婦人会沿革史』四ページ
(78)前掲『資料集成 現代日本女性の主体形成』第一巻、五三ページ
(79)永原和子「女性はなぜ戦争に協力したか」、藤原彰/今井清一/宇野俊一/粟屋憲太郎編『日本近代史の虚像と実像3　満州事変~敗戦』所収、大月書店、一九八九年、一九〇ページ
(80)天野かおり「A・バーニー――PTA運動の源流」「教育学研究紀要」第四十六巻第一部、中国四国教育学会、二〇〇〇年、四三六、四四一ページ

(81) 阪本越郎「Ｐ・Ｔ・Ａの反省期」、日本児童文化協会編「「父母と先生の会」の雑誌ＰＴＡ」第二巻第十号、泰文館、一九四八年、三ページ
(82) 杉村房彦「「参加」の方法としてのＰＴＡ——発足当時に原理をさぐる」「日本教育法学会年報」第二十五号、有斐閣、一九九六年
(83) 前掲「ＰＴＡに関する先行研究の再検討」七三—七五ページ
(84) 仲松辰美「戦後教育改革期におけるＣＩＥのＰＴＡ構想に関する考察——文部省によるＣＩＥ文書の誤訳の可能性と先行研究の誤解」、日本教育学会機関誌編集委員会編「教育学研究」第八十一巻第一号、日本教育学会、二〇一四年、三七—四六ページ
(85) 前掲「ＰＴＡに関する先行研究の再検討」七七ページ
(86) 前掲「戦後教育改革期におけるＣＩＥのＰＴＡ構想に関する考察」四四ページ
(87) 小島弘道編、編集代表佐藤秀夫／寺崎昌男『日本の教育課題7——学校と親・地域』東京法令出版、一九九七年、二五九ページ
(88) 同書二五九ページ
(89) 同書二五九ページ
(90) 同書二六〇ページ
(91) 同書二六一ページ
(92) 同書二六一ページ
(93) 同書二六一ページ
(94) Ｊ・Ｍ・ネルソン『占領期日本の社会教育改革 The Adult Education Program in Occupied Japan, 1946-1950』新海英行監訳（「日本占領と社会教育」第一巻）、大空社、一九九〇年、一八八ページ

(95) 文部省内PTA研究会／時事通信社編『PTA読本』時事通信社、一九四八年、二二ページ
(96) 小和田武紀「子供の幸福を守ろう（二）」「日本PTA新聞」一九四八年九月十日付
(97) 小和田武紀「父母と先生の会に就て」「P.T.A.」第一号、日本母性文化協会、一九四八年、二三ページ
(98) 前掲『PTA読本』一九―二〇ページ
(99) 安藤尭雄「教育理論家の立場から」、安藤尭雄／山室たみ／小林鶴蔵『P・T・Aの理論と実際』所収、明治図書出版社、一九四八年、二八ページ
(100) 前掲『日本PTA創立50周年記念誌』四五ページ
(101) 前掲「教育理論家の立場から」四九ページ
(102) 同論文四七ページ
(103) 「PTA結成の目的　各校の模範実例を見る」「日本 P.T.A 新聞」一九四八年九月二十一日付
(104) 前掲「子供の幸福を守ろう（二）」
(105) 前掲『PTA読本』二五―二六ページ
(106) 前掲「P・T・Aの反省期」三ページ
(107) 同論文三―四ページ
(108) 同論文四―五ページ
(109) 同論文五ページ
(110) 前掲『杉並区教育史』下、六二七ページ
(111) 同書六三二ページ
(112) 横山宏「PTAが教育行政に及ぼした影響」、前掲『日本PTA史』所収、九六ページ

(113)　前掲「日本ＰＴＡの出発」三七―三八ページ
(114)　増山均「新たな公共性と子どもの自己決定」、日本子どもを守る会編『子ども白書2003――新たな公共性と子どもの自己決定』所収、草土文化、二〇〇三年、七ページ
(115)　荒井文昭／西村文夫「70年代の教育権の主張」、前掲『日本ＰＴＡ史』所収、一七三―一七四ページ
(116)　稲富文子「青少年の育成は地域ぐるみで」「ＰＴＡ研究」第七十九号、全国ＰＴＡ問題研究会、一九七八年、一一ページ
(117)　大槻健「教育運動の現状」「ＰＴＡ研究」第百五十四号、全国ＰＴＡ問題研究会、一九八五年、八ページ
(118)　藤田恭平「臨教審下のＰＴＡの課題」「ＰＴＡ研究」第百五十号、全国ＰＴＡ問題研究会、一九八五年、七ページ
(119)　室俊司「子ども時代に期待する」「ＰＴＡ研究」第三百十五号、全国ＰＴＡ問題研究会、二〇〇一年、一ページ
(120)　「分科会③ 市民ＰＴＡをさぐる」「ＰＴＡ研究」第三百十六号、全国ＰＴＡ問題研究会、二〇〇一年、二五ページ
(121)　宮原誠一『ＰＴＡ入門』（現代教育101選）、国土社、一九九〇年、一九七―一九八ページ
(122)　同書一九八―一九九ページ
(123)　同書一九九―二〇〇ページ
(124)　同書二〇〇―二〇一ページ
(125)　同書二〇一―二〇二ページ

(126) 同書五七ページ

(127) 山住正己編著『学校教育と住民自治』(「教育を考えるシリーズ」第三巻)、総合労働研究所、一九七七年

(128) 下村好代「杉並清掃工場と地域の父母たち」、同書所収、二〇―二一ページ

(129) 同論文二四―二五ページ

(130) 同論文二五ページ

(131) 同論文二六ページ

(132) 同論文三九―四〇ページ

(133) 同論文二八―三一ページ

(134) 同論文三三ページ

(135) 同論文三四―三六ページ

(136) 秦裕子「高速道路に反対したPTA」、前掲『学校教育と住民自治』所収、四一―四七ページ

(137) 同論文四八―四九ページ

(138) 同論文四九―五三ページ

(139) 同論文五三―五五ページ

(140) 同論文五七ページ

(141) 「富士見丘小学校教育環境懇談会まとめ」杉並区教育委員会、二〇一四年、三ページ

(142) 大河内昭子『校庭は守られた――江原小PTAの闘いの記録』はる書房、二〇〇六年、六七―七〇、八三―八七ページ

(143) 同書一六六ページ

(144) 同書一〇四—一〇六ページ
(145) 前掲「70年代の教育権の主張」一八九ページ
(146) 同論文一九〇ページ
(147) 山住正己『PTAで教育を考える——〝眠れる獅子〟をゆり起す』晩成書房、一九八二年、一八—一九ページ
(148) 同書一九、六四ページ
(149) 同書二二四—二二五ページ
(150) 天野正子／鶴見俊輔／丸山睦男「日本の地下水『生きる原点を求めて』」「思想の科学」一九七九年一月号、思想の科学社、五四ページ
(151) 前掲『PTAで教育を考える』一五五ページ
(152) 前掲「女性はなぜ戦争に協力したか」一九二ページ
(153) 前掲『PTAで教育を考える』一五七ページ
(154) 同書一四六—一四七ページ
(155) 三井為友「PTA導入期の問題性」、前掲『日本PTA史』所収、一九、二二、三〇—三一ページ
(156) 同書三二—三四ページ
(157) 杉村房彦「占領下におけるPTAの地域への定着過程」、同書所収、三五—五八ページ
(158) 井上恵美子「占領軍資料にみる日本へのPTAの導入過程」、同書所収、八六—八七ページ
(159) 横山宏「『日本PTA史』序文」、同書所収、一一ページ
(160) 藤田博「あとがき」、同書所収、八六五ページ
(161) 前掲「日本のPTA 前史と発足過程の研究」一二ページ

(162) 前掲『国民学校母の会の実践』一四〇—一四一ページ、前掲「日本のＰＴＡ前史と発足過程の研究」二〇八—二〇九ページ
(163) 前掲「日本のＰＴＡ前史と発足過程の研究」二〇九ページ
(164) 前掲『国民学校母の会の実践』一四六—一四七ページ
(165) 前掲「日本のＰＴＡ前史と発足過程の研究」二〇九ページ
(166) 同論文二一一、二一〇ページ
(167) 杉村房彦「全Ｐ研が最後の歯止め」「ＰＴＡ研究」第百六十四号、全国ＰＴＡ問題研究会、一九八六年
(168) 小田桐誠『ＰＴＡ改造講座』（生活人新書）、日本放送出版協会、二〇〇二年、二二二ページ
(169) 川端裕人『ＰＴＡ再活用論——悩ましき現実を超えて』（中公新書ラクレ）、中央公論新社、二〇〇八年、一九二ページ
(170) 前掲『ＰＴＡハンドブック2013』六ページ
(171) 川端裕人「校長のためのＰＴＡ学入門 第6回——自由な入退会をめぐる新たな動き：ＰＴＡを考える」「月刊プリンシパル」二〇一一年九月号、学事出版、五八ページ
(172) 「どうする？ＰＴＡ「入退会自由」その後」「朝日新聞」二〇一二年三月二十五日付
(173) 「どうする？ＰＴＡの改革〈座談会〉」「朝日新聞」二〇一三年三月十五日付
(174) 「岡山市立西小学校」（http://www.city-okayama.ed.jp/~nishis/）［アクセス二〇一六年七月八日］
(175) 前掲「どうする？ＰＴＡの改革〈座談会〉」
(176) 「札幌市立札苗小学校保護者と先生の会」（http://satsunaepta.jimdo.com/）［アクセス二〇一六年七月八日］

(177) 前掲「どうする？ＰＴＡ「入退会自由」その後」
(178) 木村草太「ＰＴＡ改革、憲法の視点から」「朝日新聞」二〇一三年四月二十三日付
(179) 高井ジロル『ベルマークのひみつ――誰もが集めた、なつかしの〈あのマーク〉のすべて』日本文芸社、二〇〇六年、一三八―一三九ページ
(180) 同書五五ページ

第4章　地域主義、コミュニタリアニズム、ソーシャル・キャピタル

1　喪失のレトリック——大日本連合婦人会の機関誌「家庭」から

ここでは、現在の地域主義への導入として、大日本連合婦人会（連婦）の機関誌「家庭」を中心に二つのことを確認したい。一つは、家庭教育をめぐる喪失のレトリックである。日本で近代的な「家庭」が概念として現れるのは一八八〇年代であり、実際の登場は一九二〇年ごろとされる。家庭教育論も一八八〇年代に出現し、一九二〇年ごろに家庭教育の実践が始まった。[1]「家庭」創刊当時、家庭も家庭教育も比較的新しい実践だったのだが、それはすでに不振である、衰退している、あるいは破壊されたという言説が繰り返された。二つ目は、三〇年代に入り、家庭教育と学校教育の補完が関心事となったが、そこに地域という教育要素は存在していなかったことである。「家庭」は一九三一年六月に創刊され、四一年八月まで十年間にわたって発行された月刊誌である。

内容的には一九〇〇年代に創刊され始める婦人雑誌を踏襲していて、「婦人の友」（婦人の友社）などの婦人雑誌を思わせる誌面構成と内容だった。

文部省社会教育長・関谷龍吉による「家庭」第一巻第一号の冒頭記事は、「教育を学校だけの仕事と思ふな」と題し、「家庭教育振興ノ件」の意図をより詳しく説明したものである。「我が国には維新前立派な家庭教育の精神が存在していました。個々の家庭は申すに及ばず、今日の学校に当るべく家塾も亦一種の家庭教育の延長とも見るべきでありまして、維新以後の新らしき学校教育の目覚しき発達を遂げたことは固より結構至極でありますが、これがために我が国の教育の特色とも申すべき家庭教育の精神が次第に壊滅し[2]」たという。

「家庭教育の精神の壊滅」は、現在の「家庭の教育力低下」に相当する。前述したように、家庭教育という概念自体が、比較的新しく出現したものであり、明治期以前の教育とは異質であり[3]、小学校への就学率が急上昇を始める一八九〇年代には、武士の家庭での『論語』や行儀作法のしつけ、町人・農民家庭での見習い教育といった教育に対する批判があった[4]。一九三〇年代初めに求められていたものは、近代国家建設のための学校教育に対応した家庭教育であって、維新前のような教育ではないのだが、「家庭教育振興」を説くために「壊滅」という言語が使われたのである。

「家庭教育を破壊したものは学校教育」だという主張は、他にもされている。明星学園長の赤井米吉は、「家庭の教育力が（略）弱くなって来た」原因の一つは、「学校の教育が余りに高く見積られて来た為」であるとする。「親子総がかりで学校の成績をよくしやうと努め」「学校へ提出する宿題の様なものを一通りは母親が見て、手を加え」「家庭が学校教育の予習か復習に一生懸命になっているために、家庭も学校も同じものになり、（略）家庭生活の間に自然に行はれる感化と云うものが極めて弱くなって来」[5]たと論じた。その対策として、「無暗に学校教育のあとを追ふことなく、家庭自体の生活をもって充実し、教育と云ふことを学校のみに限らず、又知育のみに考へず、家庭の生活と云ふものの中に多くの教育、即ち人間発達の為に必要なもののあることを考へ、これを子女に与へる様に努めねばな」[6]らないとする。ここでも家庭の教育力が弱体化したと言われているが、破壊という言語を使いながら、実は家庭教育と学校教育の新しく望ましい関係を提示している。

家庭教育と学校教育は二つの自立的な領域ではなく、相互に関連しながら成立したことについては多くの指摘がある。前者は後者の登場に促されながら形成され、制度としての学校教育は、家庭教育をそのなかに取り込みながら成立した。[7]言い換えると家庭教育は、学校教育によってその輪郭と内容を与えられていったのであり、学校教育によって破壊され、弱体化したのではないのだが、その関係は破壊という言語で語られる。しかし、その破壊の言語が語るものは、学校教育によって望まれる輪郭と内容を家庭教育に与えていく。

先に引用した関谷は、「教育とは学校教育なりといふ誤った考えによって——即ち吾々各自の責任に属する重大な家庭教育の問題を看過していることによって、教育の効果を半減していることはないでありませうか」と続ける。つまり、その二つには同等の重みがある。「我国の教育が、学校教育について言へば、その設備に於ても、教師の熱心さに於ても、更にまた父兄、児童の好学心の昌なる点に於ても、欧米いずれの国にも劣ることなきに拘はらず、教育の効果の点に顧みれば、著るしい見劣りのする所以でありまして、（略）とりわけ訓育の方面に於ては国民一般が自ら子弟の指導者であることを、深く自省するところがなければならぬ[8]」という。家庭での訓育の不足が学校教育の効果を引き下げているという主張は、二つの教育の望ましい分業のあり方を示すものである。

また、一九二〇年代から三〇年代には、家庭の和楽・団欒、情緒結合を重視した家庭概念の出現があった。堅苦しい教育だけではなく、娯楽を通じた家庭のまとまりによる教育効果と、そこで期待される婦人の中心的役割も新しいものだった。しかし、その新しいはずの団欒の勧めは、喪失と危機の言葉で説かれるのである。例えば、文部省社会教育官・中田俊造による「失はれゆく団欒を家庭に返せ」は、「家庭は今、非常に不安定であり、非常な危機に面している」と論じる。「産業の変革は、古来からの生活様式を、全く一変しまして、人々はみな家庭を離れて、会社や工場等で仕事をするやうになりました。（略）家庭は益々、危機に面し家庭の団欒と云ふやうなうるわしい方面は次第に失はれてゆかうとする[9]」という。

さらに、子どもの世代への欧米思想の影響などによって、「家族の智識《ママ》の程度の差が、甚だしく調和を欠き、子供は父母への尊敬を失ひ、父母は子供を理解することが出来ず、（略）家庭は益々冷ややかに暗くな」る。その結果、「今の家庭の危機はすでに論理的な通り一遍の形式的な道徳や倫理の力ばかりでは到底救ひがたい程度に進んで居る」という。その対策として、「一家こぞって園芸に親しむ」「談話会」「野外の散策」などが提案される。それによって、「家庭は如何に明るく正しく希望にみちて（略）社会もまた従って秩序を乱すことなく、理想的なる社会を実現することを得る[10]」。こうしたレトリックの特徴は、新しい実践の導入、また普及を目的として使用されることと、望まれる実践が喪失、破壊、危機などの言語で語られることであると言えるだろう。

2　家庭教育と学校教育

次に、家庭教育と学校教育の補完関係が雑誌「家庭」でどう論じられていたか、いくつかの例を見てみたい。先に引用した赤井は、家庭では知育に限らず、勤労をおこなうべきだと主張する。また、学校教育は知識の伝授を主眼とし、勤労は名声や成功を目標としていたが、「凡ての人は働きうる限り働かねばならぬと云ふ理想に立脚しなければな」らず、その手本を示すのが家庭での父母の役割だという。[11] 勤労や徳育の場として家庭を配置するものと言えるだろう。

あるいは、「学校教育は、教師と生徒といふ特別な関係の下に、総べてのことが計画的で、一定の法則に依って行はれる」が、「家庭教育はそのやうな名もなく、大体に於て法則に依らずに、極めて自然的に行はれる」[12]というように、家庭教育は意図的なものではなく、自然なものとする見方もあった。また、「学校は母の教育の足らぬ所を補ふものであって、決して学校教育それ自身が、すでに完成しきった立派な教育とは云ひかねる」[13]と論じるものもあった。その題名「母はその子の最適な教育者である」が示すように、母は教育者であり、さらに教育に最適な存在だとする。また、学校教育が母の教育を補うのであって、家庭教育が学校教育を補うのではない、という母の教育を中心とした見解と言える。

前記の例が示すように、「家庭」では、家庭教育と学校教育の関係について多様な見解を示していて、統一された理解があったわけではない。初期に掲載された論に共通していたのは、その二つが何らかの関係で補完しあうという合意である。当時、それを地域で補おうとする発想はなかった。

しかし、一九三三年の第三巻ごろから学校教育に関する記事は減っていった。また、家庭教育は学校教育のほうを向いてはいなかった。家庭の力は、東亜新建設や高度国防国家建設、銃後という文脈に強力に位置づけられていった。初期に論じられた家庭教育と学校教育との補完関係は、主要な関心事ではなくなってしまったのである。例を一つ挙げると、文部省社会教育局成人教育課長・小田成就は「家庭教育こそ国家の根基を培ふところのもの」であり、「母の会、母姉会、婦人会等の名称の下に活動しつつあったものの中よりその長をとり、これを家庭教育の指導網として、全国的に振興をはかりつつある」と書いている。さらに、「家庭教育の指導は学校長を中心として、教職員の協力一致の活動に俟たねばなりません。（略）指導の大綱は常に其の学校の教職員によって研究され、堅持されていなければなりません」とし、家庭は、あくまでも学校に「指導」される立場に置かれる。そして、家庭教育の内容としては、「国家興隆の基抵たらしむること」「皇国の母としての自覚を深めるもの」「皇国の子としての子女の躾と其の教育」[14]などを挙げている。「家庭」の言説空間のなかで、こうした変化に違和感はほとんどない。家庭教育が戦争する国家に直接つながげられていく、その移行は意外に滑らかにおこなわれたと思われるのである。家庭教育と学校教育が補完しあうべきという考えは、現在でも説得力を持ちうるだろうが、その二つの補完性には必ずしも普遍性や必然性はないのだ。

奥村典子は、一九三〇年代前半と後半で学校教育と家庭教育の位置づけが「めまぐるしく変化」

したことを指摘している。「前半には家庭教育を学校教育に準ずる重要な教育領域へ位置づけを高めることを目指す諸策が実施され、（略）後半に至っては（略）皇国民練成の中心機関となった学校教育に家庭教育は統制され、従属するに至った」とし、その理由は「「教育」そのものが総力戦体制のもとでの「練成」体制の確立に向け、国策に従属する方向へと変化が求められていったこと」と「直接上から家庭ならびにそこでの教育そのものを統制する方が端的に政策方針を徹底できるという文部省の認識が」あったことを挙げている。[15]

また、「家庭における練成は、戦時動員という観点から戦争を遂行する母親の修養・確保にこそ重点がおかれ、（略）子どもの教育への比重は縮小された。つまり、母親は子どもの教育の担い手である以前に、銃後を支える「人材」として動員の対象に位置づけられた」と、戦時体制のなかで母親に求められる役割が変化したことにも奥村は言及する。さらに、「家庭における練成が、母親の戦時下生活の邁進と天皇へ捧げる子どもの養育、そしてそれを耐え忍び、喜びへと自らの感情を転嫁させる母親の精神修養とを併せ持つものであった」と論じている。天皇のために戦死する子どもを育て、それを悲しまず「喜びと感じる「虚偽」的感情の修養」をすることが求められていったのである。[16]

3　地域喪失の言説

近年の教育をめぐる言説は、大きく変化している。例えば、「杉並区青少年委員だより」は、「かつては、近所の大人がよその子を叱ったり、注意するのはごく当り前のことでした。町に怖いおじさんやおばさんがいたという話はどこにでもあった話です。また一方で、よそのおじさん、おばさんにかわいがってもらった思い出を持つ人も多くいます。近頃、若者の凶悪犯罪が報道される度に地域でも話題になり、何がそうさせたか理解に苦しみながらも、解決策はないものかと真剣に悩みます[17]」と書く。都のレベルでは、「学校と地域が一体となって子どもたちを育てていくという協力関係が薄れてい[18]」る、国のレベルでは、「昔の日本では（略）地域の人々とのつながりも今より密接で、人々がどの家の子どもたちも「地域の子ども」として見守り、育てていたものです[19]」という声が上がる。

さらに、研究者も「今日の子どもの地域社会は、いわゆる崩壊状態にある[20]」「家庭や地域社会そのものが危機的状況にある[21]」と危機感をあらわにする。

聞き覚えのある喪失、崩壊、危機の声が、今日では地域や地域社会が失われたと言い立てる。しかし、「かつて」「昔」とされる以外に、時代も場所も社会的階層についても特定がない過去における地域をめぐる画一的な想像と、それに基づく現在批判は、地域も子育てに加わるという新しい実践の導入と普及を目指すためのレトリックである可能性が高い。「よその子を叱ったり、注意する」という行為は、知育ではなく徳育を指すものと考えられる。なぜ、地域の大人に徳育教育が期待できるのか、その根拠は明確にされないまま、それはあたかも当然のことであるかのように語られ、追憶される。

連婦の雑誌「家庭」では、一九三〇年代前半は家庭と学校が補完するという思想が主流であり、そこに地域は考えられていなかったことは先に確認した。また、四〇年代には、現在の「学校・家庭・地域」に近い「学校・家庭・社会」が言われていたが、社会の影は薄く、その「教育力」という考えは見られなかった。戦後すぐの時代、社会は改良されるべきものとされていたことも前に見た。

ここでは、さらにいくつかの例から、地域は過去に育成や徳育に関わっていたのかどうかを検証していきたい。戦前は、現在の地域と近いものに隣保があった。戸田貞三の『家の道』は、「戦時家庭教育指導要項」を様々な具体例を挙げて、わかりやすく解説している。「隣保協和」の項は次のように書く。

元来同胞相親しみ、知己相扶けるのは、人の本性である。(略)朝夕の挨拶にも、互いに安否を問ひ、事あれば隣保互いに相扶けて行く和やかな生活が、郷土の生活である。(略)「遠い親類よりも近い他人」という諺のように、一旦事ある場合には、先づ力になってくれるものは隣近所の人々である。(22)

現実にそうであるかではなく、あるべきことを語る口調である。ここで隣近所の人は、「事あれば」力になってくれるが、教育に関する機能への言及はない。また当時、新たに取り組まれるようになった活動として、「全国各地の農村に於ても、作業共同化が一段と進められた。例へば共同苗代・共同炊事・幼児の保育所設置等に好成績を挙げて[23]」いるという。当時は、農村の自力更生運動が盛んだった。それに関連した幼児の保育所設置が、教育に関する唯一のものである。

片岡重助は、都市では「共同社会観念もなく、近所隣家はあっても、禄に朝夕面も会はさぬと云う有様」で、「祭礼は行はれても共同祖神という観念がないから更に共同相愛の情は湧かない」「婦人も亦各家庭内に閉居するか一足飛びに各別々にシネマや芝居小屋に進出して、その中間の共同社会生活を行っていない[24]」という。

これらの考えに共通するのは、共同や相互扶助への傾斜である。それは、コミュニティがコミュニズムと底通していることを想起させる。弾圧の対象であった社会主義・共産主義思想だが、その ある部分は、非常に魅力に富んだものであったことがうかがえる。

東京では、町内会結成に関しても隣近所の交流のなさが憂慮されていた。『向三軒両隣』の交渉のないのは勿論、ことによると隣人の名さへ知らない様な有様、朝夕に街頭で出会っても御辞儀一つするではなし、第一町内の人か否かの見分けが附かなかった[25]」という状況だったから、隣組結成の理由としても同様の問題があった。「従来の大都市、殊に住宅地区に於ては、近隣は互いに職業も違へば趣味も異なり、而も借家に住む者は転々として移動し、隣人相知る機会さへなく、（略）行き会って挨拶しないのはよい方で、中には互いに虚栄を誇示したり、白眼視したりする者もあった。これでは一億一心も空念仏に等しい。されば、支那事変を契機として、隣保団結・相和互助の声が高まり、遂に隣組の結成となった[26]」という。

これらの文献からは、近隣の人間関係の希薄さを憂い、そこに介入しようとする行政の力が読み取れる。しかし、近代教育の文脈からは、ともに子どもを育て見守ったとされる地域の人々の姿は見えてこない。どのような政治的意図が喪失と危機の言説をふりまいているのかを見極める必要があるだろう。

4 地域とは何か

地域は高度経済成長期を経て一九七〇年代ごろに発見された概念であり、それは危機と再生の言葉で語られてきた。地域の消滅・破壊は、地域という概念が創出されたときに喪失のパラダイムとして導入され、現在も教育に関する言説を満たしている。

地域主義が主張する地域は、二つのものを指していると考えられる。一つは、地理的なエリアを指して使われる地域である。そこでは、自宅を中心とする生活圏、PTAの地区班や町内会の区域、小学校と中学校の校区、杉並区では旧出張所を中心に十七に分けられる地区、さらに杉並区、東京都などが地域とされる。つまり、地域は地理的に伸縮可能であり、多様な枠組みに準拠している。言い換えると、地域としてトータルに捉え、均質化される地理的エリアが地域である。

二つ目は、地域を構成する人や機関、組織、制度などを指して使われる場合である。例えば、「地域ぐるみの子育て」、あるいは「地域と協力して」という表現が具体的に意味するものは、隣近所の人や青少年育成委員会などである。しかし、地域主義は個別で特定的な表現を嫌う。地域という全般的な表現を好み、特定の名称を抹消する方向へと向かう。地域には、町内会、青少年育成委員会などの組織のほか、青少年委員、民生委員・児童委員、保護司なども含まれる。青少年委員は教育委員会が、民生委員・児童委員は厚生労働大臣が、保護司は法務大臣が委嘱任命する職務である。地域は、行政の制度も包含する。つまり、個人から国家の制度に至る多種多様なものが、一元的に地域と称されていて、強力な全体主義的志向を内在している。現在は、家庭・学校・地域という表現がされ、家庭と学校の二つは個別化が認められている。しかし、実は地域は、家庭も学校も飲み込みうる概念であるだろう。

地域主義は幅広い層に支持され、国家主義的教育に抵抗する側も地域主義を主張してきた。しかし、本当に地域主義は望ましいのかどうか、改めて考察する必要があるだろう。

5　コミュニタリアニズムとソーシャル・キャピタル

地域主義とは何か。それは思想的にどこに位置づけられるのかを考察する際、アメリカで議論されたコミュニタリアンとソーシャル・キャピタルという概念が参考になる。ここでは、アミタイ・エッツィオーニとロバート・パットナムの著作からそれぞれを概観したい。それは、さらにＰＴＡの諸問題の根底にあるものを照射するだろう。

一般に近年のコミュニタリアン論争は、直接的には「リベラル」派、ジョン・ロールズの『正議論』[27]（一九七一年）に触発されたとされる。しかし、リベラルとコミュニタリアンをめぐる論争は、より広くシチズンシップの二つのモデルをめぐる、絶え間ない論争の一つとして捉えることができるだろう。ここでシチズンシップは、「市民のあるべき姿」「市民性」「市民としての十全な成員資格」などを意味するものとして使う。[28]

シチズンシップのモデルとしては、ジョン・ロックなどに代表される自然権、社会契約を強調するリベラルな系譜と、アリストテレスにさかのぼるコミュニタリアン（リパブリカンとされることもある）の二つの系譜がある。権利と義務の関係で言うと、前者は権利を、後者は義務をより重要視する。前者では法的な関係が、後者では道徳的な価値が成員の資格となる。前者での個人は、個人主義的で独立しているが、後者は相互依存的である。また、前者は行動的であるよりも理念的であり、公論を形成するための討論やコミュニケーションを重視する。それに対し、後者はコミュニケーションよりもコミュニティを、さらにそこでの実践を重んじる。したがって、近所の人たちとともに地域活動に参加したり、共通善のために「自治」的活動に従事したりすることが奨励される。そこでは、政治的参加が権利ではなく義務と化し、動員の様相を帯びるのである。[29] つまり、地域主義やPTA的活動のあり方をコミュニタリアンのシチズンシップに近い、あるいは属すものとここでは考える。

エッツィオーニ

前記を念頭に置いて、まず「新しいコミュニタリアン」を主張するアミタイ・エッツィオーニの論を見てみたい。コミュニタリアンという言葉は、一八四一年にユニバーサル・コミュニタリアン協会が創設されたときに造語されたものだという。当時、コミュニタリアンは「共産主義的または社会主義理論を実践するために作られたコミュニティーのメンバー」[30]を意味した。コミュニティとコミュニズムの根の近さを感じさせて興味深い。

「コミュニティに関すること」という、より一般的かつ現在的な意味のコミュニタリアンが、最初にウェブスター辞典に載ったのは一九〇九年である。しかし、コミュニタリアンの思想自体はアリストテレス、『旧約聖書』『新約聖書』、カソリックの社会思想など、歴史を通して見られるという。また、シェーカー教徒やパレスチナなど、新しいコミュニティを作ろうとした試みは数多く、それに伴ってコミュニタリアンの思想が説かれてきた。

また、フェルディナント・テンニース、エミール・デュルケム、タルコット・パーソンズなど、著名な社会学者もコミュニタリアンの思想を持っていた。しかし、それら社会学者は、近代化・工業化・都市化によって社会的絆やコミュニティは破壊され、喪失したと考え、主な関心はそこに向けられていた。テンニースの考えでは、破壊される前の共同体的社会（ゲマインシャフト）は、近代的なアソシエーションの社会（ゲゼルシャフト）に勝るのである。また、ロバート・ニスベットのような社会学者も、主な関心はコミュニティの喪失とそれに伴う権威の喪失である。エッツィオーニはこうした社会学者を、コミュニティが抑圧的・権威主義的なものであり、個人の領域に過剰に侵入することには注意を払わない「古い」コミュニタリアンであるとして、批判する[31]。

エッツィオーニは、コミュニタリアンに関わる著作がある学者としてロバート・ベラー、ダニエル・ベルなどを挙げる。また、普通コミュニタリアンとは呼ばれない研究者にもその思想は見られるとし、パットナムなどをリベラル派のコミュニタリアンと位置づける。一九八〇年代に入ると、チャールズ・テイラー、マイケル・サンデルなどの政治思想家がリベラルな個人主義陣営からの批判に対して、共通善の概念を擁護した。エッツィオーニによれば、テイラーやサンデルは、コミュニタリアンという名称を好まないが、その主張にはコミュニタリアンに近い要素が含まれている[32]としている。

新しいコミュニタリアンの思想形成の場として、エッツィオーニらは一九九〇年に雑誌「応答するコミュニティ」を創刊した。義務や責任だけを強調するのではないことを示すため、副題は「権利と責任」である。エッツィオーニは「義務」という言葉を避け、「責任」という言葉を好む。雑誌の基本的なスタンスは、個人と集団、権利と責任、共通善と自由の間にバランスを見いだすこと、また自己中心主義や行き過ぎた個人主義を正し、相互扶助をおこなっていた過去から「道徳的な声」を再発見しようとすることである。

エッツィオーニは、一九九〇年を境にして「古い」コミュニタリアンと、自分たち「新しい」コミュニタリアンを分ける。前者は、コミュニティの抑圧性や権威主義、私的領域への過度の介入は考慮しないが、後者はコミュニティと自治、共通善と個人の自由、社会的責任と個人の権利との間にバランスを図ろうとする。また、女性やマイノリティーを差別する、かつてのコミュニティへの単なる回帰ではない。真に従うことができる道徳的価値を持ち、それによって個人がつながる社会を目指す。自己が好むものと共通善とされるものの距離が近く、それは個人的レベルだけではなく、社会的レベルでの解決策にもなるものとしている[33]。

エッツィオーニは「第三の哲学」としてコミュニタリアニズムを提唱した。それは、リベラル対保守、左翼対右翼、パブリック・セクター対プライベート・セクター、国家対個人のように対置される議論ではなく、個人と共同体、自由と秩序を軸とする「第三の思考法」であるという。エッツィオーニは、リバタリアン、リベラル、自由放任主義的保守主義、ネオ保守主義（普通右翼とされる）、シビル・リバタリアン（左翼ではないが、しばしばリベラルとされる）が社会秩序よりも自治の必要性に重きを置く共通点を持つ点で、政治的に同じ陣営にあると位置づける。そして、別の陣営に社会的保守主義（しばしばリバタリアンや自由放任主義的保守主義と混同される）があり、自治よりも道徳的秩序に比重を置き、国家による後ろ盾も求める立場であると捉える。リベラルが意味するものがあまりにも多様化してしまった現在、エッツィオーニはリベラルではなく個人主義という名称を好む。そして、自治を重んじる個人主義と、社会秩序を重んじる社会的保守主義の間にコミュニタリアンを位置づけ、自治と社会秩序の間にバランスを求める立場に自己を置いた[34]。

エッツィオーニのコミュニタリアニズムは「保守思想」と言えるが、他の保守思想を嫌い、その差異を強調する傾向がある。エッツィオーニによると、コミュニタリアンは信頼関係に重きを置き、コミュニティの道徳的良心、教育、説得などを手法とするのに対し、社会的保守主義は法律を手段とする。また、個人やサブグループの裁量にまかせるスペースが少なく、個人的領域でも道徳律にあふれている。エッツィオーニは、強度の社会的保守主義として権威主義、イスラム原理主義、キリスト教原理主義とそれを支える世俗の保守主義を配置した。

また世界に目を向けると、近代がもたらした個人の権利、自発性、自治などの概念によって均衡を失い、反社会的な様相を帯びた社会があるとし、その一方で、アジア、中東などには自治が欠け、秩序過剰な国家もある、としている。エッツィオーニによると、コミュニタリアニズムは伝統のよさと近代の自由をブレンドさせた社会を目指すのである。つまり、「伝統」と「近代」、「西欧的」なものと「非西欧的」なものの中道に均衡があると考える。また、コミュニタリアンの思想を非西欧と西欧の両方に適用できる、一般的パラダイムとしても提示している。[35] 言い換えると、西欧中心主義は避けようとするが、伝統、近代、西欧、非西欧といったカテゴリー自体の政治性や問題は考慮せず、所与の実体としたうえで、その中道を行こうとするアプローチと言えるだろう。

コミュニタリアンは、麻薬や暴力など様々な社会的問題の解決に、国家による管理ではなく、コミュニティの道徳意識に訴える説得、懐柔など、よりインフォーマルな手段を用いることを好む。それらは柔和で効果的であり、市場や国家が関わるよりも経費的にも安上がりである。また、家族の問題にも関心を持ち、両親がいる家庭は一人親よりも望ましいと考える。しかし、保守主義者のように子育ては母、収入を得るのは父という分業をよしとし、法律によって離婚しにくくする立場はとらない。両親が平等な権利と義務を持つ結婚を認め、子育てをする親をコミュニティが支援する方法をとる。また、税制による優遇など国家による介入を排除はしないが、あくまでもカウンセリング、助言などによって家族の強化を図ろうとする。こういったコミュニタリアンの思想は、イギリスのトニー・ブレア元首相にも影響を与えたという。[36]

コミュニタリアンは、道徳的価値に基づく行動を進める手段としても褒める、叱る、注意するなどインフォーマルな統制を用いる。「道徳的な声」の強弱を測るためにエッツィオーニは、いくつかの質問を用意している。例えば、盲人が無事に道路を渡れるよう助けていたティーンエージャーとすれ違った。老人の買い物袋を車まで運ぶティーンエージャーを見た。若い恋人たちが木に自分たちのイニシャルを彫ろうとしていた。子どもたちがスプレーで郵便受けにスワスチカを描こうとしていた。近所の子どもが猫に石を投げていた。スーパーマーケットで母親が幼い子どもに激しい平手打ちをするのを見た。レストランの禁煙エリアで隣のカップルがタバコを吸っていた。障害者用の駐車スペースに健常者の知人が駐車しようとしていた。ソーダ缶やゴミ袋を残して澄んだ湖から家族が立ち去ろうとしていた。列に並んでいたら四人前のところに割り込んできた人がいた。白昼の公園で幼い子どもたちが横にいるのにカップルがいちゃついていた。収入に比して多額の寄付をした人がいた、などである。これらの状況に出合ったとき、何か言うか言わないか、また言うとすれば何と言うかをエッツィオーニは尋ねる。社会的秩序維持のためには家庭と学校だけでは十分ではなく、コミュニティによる継続的な道徳強化が必要である。これらの質問は、「道徳的な声」の指標になるものだという(37)。

この文脈のなかで日本の地域主義を考えてみると、生涯学習審議会が「地域社会は子どもたちの「心の教育」のための素材が眠る宝庫(38)」と捉える考え方のなかにあるコミュニタリアン的思想が浮き上がってくる。また、前記の質問事項は、前述した「心の東京革命」のスローガンを想起させる。例えば「他人の子どもでも叱ろう」である。しかし、その違いは、エッツィオーニが大人に対しても道徳を求めるのに対し、「心の東京革命」は大人を権威の側に位置づけて子どもに道徳を求めること、褒める言葉はないことである。それは、エッツィオーニが嫌う権威主義である。また、日本の地域主義には、エッツィオーニが言う「古い」コミュニタリアンに近い部分があると思われる。

コミュニタリアンは、道徳的教育を強調する。そのために、家族、特に両親が重要と考える。祖父母の支援も必要だが、離婚や一人親の増加などによって家族が弱体化しているとし、学校が道徳教育をおこなう必要があるとする。そのためには、幼稚園から大学までの教育機関が道徳教育の責任を持ち、すべての人の尊厳、寛容、非差別、暴力ではなく平和的な紛争解決、全体主義・権威主義ではなく民主主義などを教えるべきだという。(39) ここでは、意識的に「リベラル」な内容の道徳教育が挙げられているようだ。家族の弱体化、学校での道徳教育という考えは、日本と共通している。

エッツィオーニは、コミュニティは具体的な場所ではなく、必ずしも地理的に集中しているものではないと考える。(40) したがって、バーチュアルなコミュニティも視野に含まれる。サイバースペースにも親密さを発展させる機能があり、オンライン・コミュニティとオフライン・コミュニティの異なるあり方と、それぞれの可否を認めている。(41) 一方、日本の地域主義では、地理的なコミュニティに重点が置かれ、行政が町内会をその中心に配置することが特徴と言えるだろう。また、新しいコミュニケーション手段を否定的に捉える傾向が強い。

エッツィオーニは、特に道徳と秩序の回復を唱えていて、その関心のあり方の背後にはキリスト教的世界観が見え隠れする。「新しいコミュニタリアン」には、現代アメリカでのキリスト教コミュニティのあり方を模索するという意味があると思われる。コミュニタリアンの「新しい黄金律」は「社会があなたの自治を尊重し遵守してほしいように、あなたも社会の道徳的秩序を尊重し遵守しなさい」[42]である。それは、「人にしてもらいたいと思うことは何でも、あなたがたも人にしなさい」というイエス・キリストの黄金律と通じるものがある。また、次のような議論の背景にもキリスト教的思想がある。「何らかの方法でケアすること、シェアすること、「兄弟姉妹の守護者であること」が不可欠である[43]」

パットナム

次に、ロバート・パットナムの思想を概観しておこう。パットナムは著書『孤独なボウリング』で、アメリカでのソーシャル・キャピタルを分析している。『孤独なボウリング』は、かつてはグループで楽しんだボウリングが、単独のプレーになったことを指す[44]。

ソーシャル・キャピタルという概念は一九六〇年代初めに提唱され、コミュニティとは「概念的従兄弟」の関係にあり、ともに個人主義と闘ってきたという。アメリカ人は個人の英雄的行為を過大評価、集合的なものは過小評価する傾向があり、古いコミュニティの絆からの解放を好んで議論してきたと批判的である[45]。ソーシャル・キャピタルは、友人、隣人、他人との結び付きで形成される社会的ネットワークを指す。それは「市民的な結束」でもあり、インフォーマルなもの、フォーマルなもの、私的・公的なものなど、幅広いネットワークが含まれる。例えば、日曜日の教会ミサで会う人たち、近所の人とのバーベキュー、ポーカーのクラブ、仕事仲間の飲み会、ファンクラブなどをはじめ様々な任意団体、ロータリークラブ、自助グループ、PTA、労働組合、協同組合、退役軍人組織、職業的・専門的組織、政治的組織などはソーシャル・キャピタルである。

そこで重要なのは、単なるコンタクトではなく、その結び付きが持つ「互酬的規範」と信頼関係である。ソーシャル・キャピタルは、お互いに対する義務を生み出し、確固とした互酬的規範を養うという。パットナムは、「もしあなたが私にあれをしてくれるなら、私はあなたにこれをしてあげる」という関係を、「特定的互酬関係」とする。しかし、重要なのは「一般的互酬関係」である。それは、「あなたではなくても、誰かがいつか私のために何かしてくれると信じて、これをあなたにしてあげる」というものであり、それが黄金律だという。[46] ソーシャル・キャピタルは、相互的義務と交換を原則とする持ちつ持たれつの信頼関係であり、人々の頻繁な関わりは「一般的互酬関係の規範」を生み出すという。

パットナムは、ジェイン・ジェイコブズのベストセラー『アメリカ大都市の死と生』（山形浩生訳、鹿島出版会、二〇一〇年。原書は一九六一年）から、社会的ネットワークのイメージを引いている。町の食料品店主人、通りに面した集合住宅に住む家族、小教区を歩く司祭、通りのフェア、心地よく配置された公園などが住民間の信頼感や責任感を発達させる。住民同士のインフォーマルな接触が緊密な町で、通りは安全で、子どもの世話は行き届き、人々の満足度が高いという。[47]

さらに個人的なレベルでもソーシャル・キャピタルは、コネによって仕事を得る、昇進が早い、トラウマや病気とも闘いやすいなどの利点を持つ。また、「一般的互酬関係」がある社会は、犯罪率が低く安全だとする。例えば、近所の濃厚なネットワークがある地域では犯罪率が下がる傾向があり、それは近所付き合いをせず、隣人に挨拶しない住民にも恩恵を及ぼす。[48] 親しい付き合い、噂話、注意して見ること、パトロール、連帯、指導などの関係が地域でのソーシャル・キャピタルを構成している。これは、エッツィオーニの「道徳的な声」に近いものと言える。

ソーシャル・キャピタルの主な利点としてパットナムは、①様々な集合的問題の解決が容易になる、②コミュニティの活動を円滑化・効率化し、コストを抑えることができる、③運命共同体としての意識を高め、他人を認め思いやりを持つことができることを挙げる。(49)結果として、互酬的規範が深まることによってよりよく、より健康的で、より幸せで、より賢明な社会を建設し、究極的には国民全体が栄えることになるという。

パットナムは、「橋渡し型」と「結束型」という二つのソーシャル・キャピタルのモデルを想定している。前者は包括的で、異なるタイプの人々を結び付ける。例えば、市民権運動やキリスト教会統一組織などである。後者は、グループ内部の結束が強く連帯するが、排他的である。例として、特定の問題に関するサポートグループや、教会を場とする女性読書グループなどがある。ただし、ビルの爆破や人種差別など、破壊的・攻撃的行為をおこなうソーシャル・キャピタルもあり、(50)すべてのソーシャル・キャピタルがポジティブな効果を持つわけではない。また二つのモデルは、厳密なものではなく、重複し補完的なものであるとしている。日本のPTAや町内会、地域主義も「橋渡し型」「結束型」を合わせ持つと見ることができるだろう。

パットナムは、PTAについても何度か言及している。一八七〇年代から一九二〇年代のアメリカは、市民的な組織創設の高揚期であり、多くの会員を擁し、現在にも続く様々な組織が多数創立された。PTAは、その時期に創設された組織のうちの由緒ある一つである。(51)二十世紀半ば、PTAは最も普通に見られたコミュニティ組織であり、五〇年代末は、宗教関連ではない組織としてアメリカ最大の規模を誇っていた。加入率は、三〇年代は一〇パーセント前後、四〇年代は約一三パーセントから三〇パーセントに急増、五〇年代も増加が続き、五〇年代終わりには約四六パーセントでピークに達したが、その後八〇年代まで二〇パーセント以下に減少し、九〇年に一時二〇パーセントを超えたが、その後再び二〇パーセント以下に減少という状況である。

減少の理由として、一九七〇年代には学校政策に対する意見の相違などがあったという。全国組織から離脱したり他の組織に加盟したりという紆余曲折があり、ローカルなPTO（Parent-Teacher Organization）となったPTAもあったが、現在はそれも衰えているという[52]。つまり、アメリカでPTAは強制加入組織ではなく、現在も加入率は低いのである。

パットナムは、架空の例を使ってソーシャル・キャピタルとしてのPTAの役割を説く。ある両親が、六歳の子どもを公立小学校に通わせたいと考えた。しかし、教師は士気がなく、壁は剝がれ落ちていて、課外活動のための経費もなかった。両親は、状況改善のためPTAを興すことにする。信頼できる隣人を知っていたり、強い絆を持つエリアに住んでいたりすれば、新しいPTAのメンバーを集めることができる。そうして、数カ月で十七人の親をメンバーにすることができた。すると、それまで人前で発表したり役人にはたらきかけたりしたことがなかった人も、様々な行動を起こしていかなければならなくなる。さらにPTAは学校関係者、教師・生徒にも結束の規範を求め、関係者は「我々」意識を深められる。さらにPTAの会合は、親の間の「互酬的規範」を強化するという[53]。

ここでは、PTA創設を通じて「結束の規範」と「互酬的規範」が強まることが主張され、「結束型」モデルが使われている。ＰＴＡは必要があれば親が作り、積極的に教師や学校関係者、行政にはたらきかけ行動を起こしていく組織として描かれていて、日本のＰＴＡとはかけ離れている。英語圏では、ＰＴＡは「市民社会」の一つであり、国家に直接管理されない私的領域に属す組織とされていて[54]、そうした共通理解に基づいてパットナムは例を示しているのである。

パットナムは、コミュニティに対するノスタルジーは避けるとしながら、ソーシャル・キャピタルは本当に衰退しているのかを問う。コミュニティの生活が希薄化したのではなく、若い世代は新しい方法を持っている可能性もある。コミュニティのあり方は歴史的に盛衰があり、衰退だけではない。過去のコミュニティに対する単純なノスタルジーは、欺瞞的である[55]。そのうえで、人種、ジェンダー、貧富の差、大都市・地方などの変数も視野に入れ、社会学的統計を多用し、様々な市民的結束とソーシャル・キャピタルを州単位で調査、「政治参加」「市民的な参加」「宗教的参加」「職場のつながり」「インフォーマルな社会的つながり」「利他主義・ボランティア・フィランソロピー」に分けて分析している。

その結果、アメリカ史上、コミュニティは単に衰退したのではなく、紆余曲折があるものの、地域コミュニティに関しては、二十世紀の最初の三分の二はソーシャル・キャピタルが豊富であり、終わりの三分の一に衰退したと結論づけた。その理由として、女性の雇用増大、グローバルな市場、人と企業の流動化、娯楽の電子化、テクノロジーの進化、大きな戦争がないことを挙げる。そして、新しい市民的結束を促すために、集合的・個人的なイニシアチブが必要とされているとする[56]。

パットナムの議論で気づくのは、エッツィオーニ同様、キリスト教ディスコースとしての側面である。「アメリカの政治的聖人伝」「トクヴィルはアメリカ・コミュニタリアンの守護聖人」[57]というような表現もさることながら、パットナムの黄金律にもイエス・キリストの黄金律と通底するものがあると思われる。宗教的なソーシャル・キャピタルの例も多く引かれているが、パットナムが論じる利他主義、フィランソロピー、モラル、ボランティアなどはキリスト教的価値であり、それらの価値で社会関係を図り、それらを再生しようとする試みとも読める。つまり、キリスト教的観点からソーシャル・キャピタルの衰退を懸念、再生を訴える書であると見ることもでき、それが、日本の地域主義との大きな違いの一つだと思われる。日本の地域主義は、「お祭り」や「郷土」などの考えに「神道的」なものを加味しているが、バックボーンとしての宗教は弱い。むしろ、政治的・行政的意味合いからの介入が強いと考えられる。

要約すると、エッツィオーニはリベラルなシチズンシップとの均衡を図り、保守主義や権威主義は避けながらも、コミュニタリアニズムを経由して道徳的社会を構築するという方向性を持つ。エッツィオーニについては、様々な評価がされている。エイミー・ガットマンは、エッツィオーニらが主張する「道徳的な声」を、十七世紀アメリカで魔女狩りをおこなったマサチューセッツ州セーラムの再生として批判、警戒した[58]。佐藤慶幸は「現代コミュニタリアニズムの主張は、本来的にリベラリズムをコミュニタリアニズムによって擁護しようとするもの[59]」とし、リベラリズムのほうに寄ったものとして位置づける。しかし、九・一一（アメリカ同時多発テロ事件）以降、エッツィオーニはジョージ・W・ブッシュ政権の愛国者法を肯定、「権威主義的コミュニタリアニズム」にも肯定的になるなど、「権威主義的」方向に傾いていて、「中道右派的コミュニタリアン」という見方も可能とする見解もある。[60]

パットナムのソーシャル・キャピタルは、コミュニタリアンの様相を色濃く持ち、それをコミュニティの結束強化や共通善の増大に用いる。さらに、新自由主義的価値の実現や、究極的には国益にもつなげるという方向性を持っている。ただし、パットナムは、ソーシャル・キャピタルが必然的に「良い」とは言っていない。例えば、ナチスは社会的資本を利用して権力を掌握したのであり、それを評価してはいない。[61]

またエッツィオーニ、パットナムともに「近代化論」のなかにあると言えるだろう。近代／伝統、個人的／集合的などの二元論モデルと、近代は伝統的コミュニティを崩壊させたという考えは、社会学のパラダイムであり、社会学は伝統的コミュニティに対するノスタルジーを内包している。エッツィオーニは、二元論ではなく、その「中道」を目指すとして修正を試みているが、やはりそのなかにある。また、パットナムの本の副題「米国コミュニティの崩壊と再生」は、そのパラダイムそのものである。

エッツィオーニとパットナムの主張を手がかりとして地域主義に視線を戻すと、地域主義の最も深い関心事は、かつて子どもを道徳的に導いていた大人が地域からいなくなったという問題ではなく、二つのシチズンシップをめぐる闘争である可能性が見えてくる。つまり、コミュニタリアンなシチズンシップを進めようとする、あるいは維持しようとする政治思想上の闘争を、わかりすい喪失という言語で説いていると考えられるのである。二つのシチズンシップのモデルは、必ずしも排他的な関係にあるわけではない。二元論的に捉えず、それらは補完関係にあるものとし、双方の部分的修正による融合の試みも提示されている。[62] また、エッツィオーニにもその傾向は認められることは前述した。しかし、地域主義は二つを補完的に捉え直すよりも、コミュニタリアンなシチズンシップを足場としてリベラルなシチズンシップに抵抗しようとする言説である可能性が高い。

リベラルなシチズンシップが内在させている近代性の批判は、女性やマイノリティー排除、抑圧、差別に対する批判として、さらに「公私」という区分そのものに対する批判として、特にジェンダーの視点から取り組まれてきた。[63] しかし、地域主義によるリベラルなシチズンシップへの抵抗において、それらは関心事ではない。地域主義の関心は、あくまでも道徳的共同体としての地域の紐帯強化にあり、家庭・学校・地域の連帯を自然化することである。ここで論じてきたPTAの諸問題は、それと深く連結していると考えられるのである。

内閣府とソーシャル・キャピタル

内閣府は、二〇〇三年に『ソーシャル・キャピタル[64]』を発行し、ソーシャル・キャピタルという概念を使って異なる地域での市民運動を調査、ソーシャル・キャピタル培養の可能性を探っている。ここで調査対象になったのは、リサイクル活動やイベント活動、子育て支援活動などで、市民活動が既存のソーシャル・キャピタルを活用したケース、既存のソーシャル・キャピタルが市民活動を活用したケース、既存のソーシャル・キャピタルの活性化・変容の状況などを調査した。

「地縁組織の活性化」の項では、「自治会、町内会などの地縁活動も、広い意味での市民活動の一つである。（略）本来地域におけるソーシャル・キャピタル形成のための「家族関係」に次ぐ基本的な単位であり、「顔の見える関係」を担保するには最適の単位でもある。しかしながら現在その加入率や結成率の低下が指摘されている」と述べている。町内会が「地域におけるソーシャル・キャピタル形成のための「家族関係」に次ぐ基本的な単位」「最適の単位」とされている。ソーシャル・キャピタルには、家族関係は含まれない。しかし、日本の行政にとってソーシャル・キャピタルは、家族関係と町内会として理解しやすいようだ。

新しい住民による市民活動と自治会・町内会が対立するケース、逆に既存の地縁団体を通すことで効率的に進むケースに言及したうえで、両者が「協力・連携」し、「積極的な交流の取り組みが進むことが期待される」としている。[65]そして次のように結んでいる。「自発的な市民活動が（略）橋渡し型のソーシャル・キャピタルを培養する苗床となり、さらには既存のソーシャル・キャピタルを活性化させる可能性があることが理解された。（略）市民活動自体が、（略）活動に対する社会的な評価、信頼を得ていくことが重要であろう。それが、市民活動への理解者、支援者等を増やして、（略）ソーシャル・キャピタルを拡大する原動力となり、更なる自発的な市民活動の発展に結びつくという好循環をもたらす」[66]。ソーシャル・キャピタルは、国家が「自発的な市民活動」をさらに発展させていくための理論として有効なようである。

注

（１）小山静子『良妻賢母という規範』勁草書房、一九九一年、六六―九二ページ

（２）関谷龍吉「教育を学校だけの仕事と思ふな」「家庭」第一巻第一号、大日本連合婦人会、一九三一

年、七ページ
(3)前掲『家庭の生成と女性の国民化』一一―一二七ページ
(4)前掲『良妻賢母という規範』七〇―七一ページ
(5)赤井米吉「子供の時代に勤労精神を養へ――それは家庭生活に於てのみ可能だ」「家庭」第二巻第一号、大日本連合婦人会、一九三二年、一四ページ
(6)同論文一五ページ
(7)前掲『良妻賢母という規範』八五―八六ページ
(8)前掲「教育を学校だけの仕事と思ふな」六―七ページ
(9)中田俊造「失はれゆく団欒を家庭に返せ――共同的な娯楽が唯一の手段である」「家庭」第二巻第四号、大日本連合婦人会、一九三二年、四ページ
(10)同論文五―七ページ
(11)前掲「子供の時代に勤労精神を養へ」一七ページ
(12)島津治子「家庭教育は母の脚下から――良い家には良い風が吹く、良い子が育つ」「家庭」第一巻第五号、大日本連合婦人会、一九三一年、四ページ
(13)木内キヤウ「子供に映る家庭の姿――母はその子の最適な教育者である」「家庭」第二巻第二号、大日本連合婦人会、一九三二年、一四九ページ
(14)小田成就「時局下に於ける家庭教育の振興に就て」「家庭」第十巻第三号、大日本連合婦人会、一九四〇年、一二―一三ページ
(15)奥村典子「家庭教育振興政策における「学校教育一任の傾向」の問題――学校教育と家庭教育の関係をめぐって」、教育史学会機関誌編集委員会編「日本の教育史学　教育史学会紀要」第五十二集、

教育史学会、二〇〇九年、四〇ページ
(16) 奥村典子「戦時下家庭教育政策——家庭における錬成の展開過程を中心に」、お茶の水女子大学大学院『人間文化創成科学論叢』編集委員会編「人間文化創成科学論叢」第十一巻、お茶の水女子大学大学院人間文化創成科学研究科、二〇〇八年、三二四、三二六、三二七ページ
(17)「地域教育の充実をめざして」、杉並区青少年委員協議会広報部編「杉並区青少年委員だより」杉並区教育委員会事務局学校支援課、二〇〇三年
(18) 東京都生活文化局『心の東京革命行動プラン——次代のために、行動は今　平成15年1月改定版』東京都生活文化局都民協働部、二〇〇三年、六ページ
(19) 生涯学習・社会教育行政研究会編「「社会の宝」として子どもを育てよう！（報告）平成一四・七・一九」『生涯学習・社会教育行政必携 平成16年版』第一法規、二〇〇三年、五七八ページ
(20) 住田正樹『地域社会と教育——子どもの発達と地域社会』九州大学出版会、二〇〇一年、五八ページ
(21) 前掲『家庭・学校と地域社会』八四ページ
(22) 戸田貞三『家の道——文部省戦時家庭教育指導要項解説』中文館書店、一九四二年、八六—八七ページ
(23) 同書八七ページ
(24) 前掲『系統婦人会の指導と経営』一三〇ページ
(25) 東京市編纂『町会規約要領』(「社会教育叢書」第四輯)、東京市、一九二五年、四ページ
(26) 前掲『家の道』二二九ページ
(27) ジョン・ロールズ『正義論』矢島鈞次監訳、紀伊國屋書店、一九七九年

(28) 岡野八代『シティズンシップの政治学――国民・国家主義批判』（フェミニズム的転回叢書）、白澤社、二〇〇三年、一四ページ

(29) Ruth Lister, *Citizenship: Feminist Perspectives,* Palgrave MacMillan, 1997, pp.13-41.

(30) Amitai Etzioni, Introduction, in Amitai Etzioni, ed. *The Essential Communitarian Reader,* Rowman & Littlefield Publishers, 1998, p.ix.

(31) *Ibid.,* pp.x-xi.

(32) *Ibid.,* pp.ix-x.

(33) Amitai Etzioni, *The New Golden Rule: Community and Morality in a Democratic Society,* Basic Books, 1996, pp.127-130, Etzioni, *op.cit.,* pp.xvii-xx.

(34) *Ibid.,* pp.7-10.

(35) *Ibid.,* pp.xvii-xx.

(36) Etzioni, *op.cit.,* 1998, pp.xii-xiii, p.x.

(37) Etzioni, *op.cit.,*1996, p.124, Amitai Etzioni, *The Monochrome Society,* Princeton University Press, 2001, pp.227-229.

(38) 前掲『生涯学習・社会教育行政必携 平成16年版』四〇四ページ

(39) 著者名なし。"The Responsive Communitarian Platform: Rights and Responsibilities,"in *The Essential Communitarian Reader,* Rowman & Littlefield Publishers, 1998, pp.xxix-xxx.

(40) Etzioni, *op.cit.,*1996, p.6.

(41) Etzioni, *op.cit.,*2001, pp.79-101.

(42) Etzioni, *op.cit.,*1996, p.xviii.

（43）op.cit., "The Responsive Communitarian Platform. p.xxx".「兄弟姉妹の守護者であること」の原語は、*being our brother's and sister's keeper* である。
（44）Robert D. Putnam, *Bowling Alone: the Collapse and Revival of American Community*, Simon & Schuster Paperbacks, 2000.［ロバート・D・パットナム『孤独なボウリング――米国コミュニティの崩壊と再生』柴内康文訳、柏書房、二〇〇六年］
（45）*Ibid.*, pp.21, 24.
（46）*Ibid.*, pp.20-21.
（47）*Ibid.*, p.308.
（48）*Ibid.*, pp.20, 289, 308.
（49）*Ibid.*, pp.288-289.
（50）*Ibid.*, pp.21-24.
（51）*Ibid.*, pp.386-387.
（52）*Ibid.*, pp.55-57.
（53）*Ibid.*, pp.289-290.
（54）Anthony McGrew, "The State in Advanced Capitalist Societies," in Stuart Hall, David Held, Don Hubert, Kenneth Thompson, eds., *Modernity: An Introduction to Modern Societies*, Blackwell, 2000, p.243.
（55）Putnam, *op.cit.*, pp.25-26.
（56）*Ibid.*, p.403.
（57）*Ibid.*, p.24.

（58）Amy Gutmann, "Communitarian Critics of Liberalism," in Shlomo Avieneri and Avener de-Shalit, eds. *Communitarianism and Individualism*, Oxford University Press, 1992, pp.132-133.

（59）佐藤慶幸『ＮＰＯと市民社会――アソシエーション論の可能性』有斐閣、二〇〇二年、一六六ページ

（60）菊地理夫／小林正弥『コミュニタリアニズムの世界』勁草書房、二〇一三年、一五六―一五八ページ

（61）Robert D. Putnam, "Community-Based Social Capital and Educational Performance," in Diane Ravitch and Joseph P. Viteritti, eds., *Making Good Citizens: Education and Civil Society*, Yale University Press, 2001, p.60.

（62）Lister, *op.cit.*

（63）前掲『シティズンシップの政治学』一七三―二四〇ページ、Nira Yuval-Davis, *Gender and Nation*, Sage Publications, 1997, pp.69-92.

（64）内閣府国民生活局編『ソーシャル・キャピタル――豊かな人間関係と市民活動の好循環を求めて』国立印刷局、二〇〇三年

（65）同書九七―九八ページ

（66）同書一〇七ページ

終章　未完のプロジェクトとパラドックス

1　母の会と大日本連合婦人会——未完のプロジェクトの実現

本書では、東京都杉並区立A小学校での経験をもとに、PTAを国家の装置として考察した。「ネオ連続説」を手がかりとして、PTAと戦前の母の会との連続を見た。日本の「戦後」概念が指す期間は長く、「戦後七十年」という歴史感覚がある。しかし、戦前・戦後の連続という曖昧なものではなく、PTAは現在にも続いている奉仕と修養の国家プロジェクトであることを論じた。

PTAは、戦後GHQの指導のもとで発足した組織とされるが、そこでもたらされたのは名前であり、内実は母の会との連続性が高い。母の会は、一九二〇年ごろから創設され、文部省によって社会教育組織の一つとして位置づけられていく。四一年に国民学校令が出されると、母の会を各小学校に設けることが目指された。その目的は、奉仕と修養、家庭教育振興である。しかし母の会は、戦前すべての小学校に作られていたわけではない。杉並区では、加入率も現在より低かった。また、皇紀二千六百年（一九四〇年）には東京市連合母の会が結成されたが、全国的な連合組織結成はなかった。占領期の四七年から設立が始められたPTAは、わずか二、三年のうちに全国各地で非常に高い組織率を持って、自動的加入の組織として普及した。つまり、天皇制国家から民主主義国家への転換が図られた戦後、母の会は、PTAという名称で天皇制時代の目的を実現し、さらに全国的な連合組織として確立していった。

母の会とPTAの主な違いは、前者では母が外に出すぎることが警戒されていたが、後者では会員は様々な活動に動員されることである。PTAの手引「父母と先生の会」（一九四七年）も、「会合は月一回位が好ましい」としていたが、現在、PTAの役員は多数の連絡会議・会合に忙殺されている。ただし、PTAとして主催する事業はない。母の会は（また大日本連合婦人会も）事業団体ではなく、あくまでも奉仕と修養の団体であることが強調された。PTAでも、それが受け継がれている。

また、本書では一九三〇年に設立された大日本連合婦人会（連婦）との関連も考察した。連婦は、「家庭教育の振興と家庭生活の更新を図るために修養と奉仕をなす修養団体」である。市区町村―道府県とつながる全国的な系統婦人会の構想を持っていたが、戦前それは未完に終わった。連婦は、都市や農漁山村に系統婦人会を構想していて、学校を中心とした系統婦人会は、そのなかの一つであったにすぎない。しかし、現在のPTAに連婦が構想した系統婦人会の一つの姿を見ることができる。

つまり、戦時中の母の会と連婦の「未完のプロジェクト」は、ともに民主化が図られた戦後になって達成されたことになる。そこには大きなパラドックスがあるが、それについての考察はほとんどされてきていない。学校に関わる戦前・戦後の連続の問題としては、日の丸・「君が代」が取り上げられてきた。日の丸・「君が代」が、基本的には年に二回、学校儀式の際に顕在化するのに対し、PTAは母の日常に執拗にまとわりつく。しかし、PTAが内包する問題は見落とされてきた。

PTAは、巨大かつ見えにくいという矛盾した組織である。そこには二つの見えにくさが混在している。PTAは、学校に対しても地域に対しても、従属的に位置づけられていて、外部からは見えにくい。また、会員の側からは、PTAが国家の制度であることは見えにくく、巨大な組織の末端に自分が位置しているとは認識されていない。PTAは、会員の国民化を図る装置だが、そこに国家は顕在化してこない。それが日の丸・「君が代」と異なるPTAの特徴と言える。日の丸・「君が代」批判は多いが、それればかりでは足元をすくわれる可能性があることになる。

PTAは、それを現在のような形態で維持しようとする力が何なのかは隠されたまま、大きな抵抗を生じさせることなく、その枠組みのなかで示された方向に動く訓練を受ける場だと考えられる。PTAは全国津々浦々に浸透していて、その潜在的利用価値は高い。PTAについては、「不活性化」「活性化」「停滞」「不要」「再生」などの議論が繰り返されてきた。行政が、様々な手法で活性化や懐柔を図り維持してきた理由は、その潜在的利用価値にあるだろう。「戦前への回帰」を危惧する声が聞かれるなか、PTAはきわめて危うい組織と言える。

母の会と連婦では、会の目的が奉仕と修養であることは明言されていたが、PTAについては、それは隠されてきた。しかし、二〇〇二年に中央教育審議会は「子どもの健全育成を図る活動」を含む様々な社会活動を奉仕活動と位置づけ、国民一人ひとりが、日常生活のなかで奉仕活動をおこなう必要があるとする答申をおこなった。それは、政策上の大きな変化が進行している現れとも考えられる。

2 地域——未完のプロジェクト

現在、政府は、かつて機能していた「家庭の教育力」が核家族の進行や育児不安、一人親や働く母親の増加などによって低下し、子どもの基本的な生活習慣ができていないなどの理由をつけて「地域の教育力向上」を提唱、地域ぐるみの教育を強力に推進している。これと同じ動きが一九三〇年代にも「家庭教育不振」「家庭教育の委縮不振」などの言葉で語られていた。母の会と連婦が「家庭教育振興」を求めたのも、家庭教育が不振と見なされたからである。当時、家庭教育不振の理由は、家庭が教育を学校に一任して顧みないからだとされ、母親、または婦人の奉仕と修養を求めたのである。

現在、「学校・家庭・地域」という表現で地域主義が進行しているが、それにも歴史的前例がある。一九四一年に国民学校令は、「皇民練成」を目的として「学校・家庭・社会」の連絡を緊密にすることを規定した。当時の社会は、現在の地域に近い概念だが、社会が何を意味するのかは必ずしも明確にされていなかった。

一九三〇年代前半は、家庭教育の重要性、および家庭教育と学校教育の補完性が強調されていたが、三〇年代後半になると、戦争完遂のためには、それは顧みられなくなる。母たちは、家庭教育よりも戦争協力に動員されていき、それによって家庭教育は空洞化、「学校・家庭・社会」の緊密な連絡は実現されることがなかった。現在、行政は地域に様々な組織と制度を用意し、具体的な「地域ぐるみ」の装置が機能している。戦前の「未完のプロジェクト」を今日に実現させようとするものかもしれない。

現在の青少年育成の中心課題である非行・不良防止活動の原点は、戦後混乱期での青少年非行の激増への対策だったという説明がされるが、実はそれは、戦前から「皇民練成」の一環として存在していた。区・都・国のレベルで、行政はきわめてネガティブな子ども像を設定し、それを理由に子どもの日常生活への介入を正当化している。また行政は、望まれる「体育会系」子ども像を示している。子どもの心と身体への介入をどこまで認めていいのか、議論すべきときだと思われる。

戦争協力に関しては、母性イデオロギー批判の立場からの研究が多い。しかし、母性イデオロギー批判では、現在の問題は扱えない。母の役割は相対的に小さくなっていて、あまり期待されていないからである。むしろ現在、危険性を持つのは地域主義である。地域が、戦争する国家のソーシャル・キャピタルとして使われる可能性は十分ありうるだろう。地域主義は、家庭と母を支援する、地域を活性化するなど「良い」側面を提示して、その正当性を主張している。また、子どもの権利や親の教育権を主張する側も、地域という概念を使って活動をおこなってきた。しかし、国家が強力に推進している地域主義は、全体主義的な空間を地域に創出しようとするものであるだろう。

3 母の会と後援会

母の会と連婦の連続性に加え、PTAのもう一つの問題として、母の会と後援会がある。戦前の母の会は、母の奉仕と修養を目的としていたが、後援会は男性（または父）を会員とし、学校に対する財政的援助をおこなうという分業がなされていた。しかし戦後、保護者組織はPTAとして一本化され、PTAはその両方の役を負わされることになったのである。

一九四七年に施行された日本国憲法は、義務教育を無償とすると定めた。だが、六〇年代に至ってもPTAは戦前の後援会的活動を続け、財政援助をおこなっていた。教育費総額の六・五パーセントを保護者は負担していたのである。高度経済成長期には教育財政が潤い、六七年に「公費で負担すべき経費の私費負担解消について」の小尾通達が出されて、後援会ではないPTAのあり方が求められたにもかかわらず、後援活動はベルマークなどを通して続けられてきた。ベルマークは、「経済と道徳の調和」を目指す報徳思想に基づく運動である。

PTAから財政的援助を受ける一方で、PTAには教育内容や学校の人事・管理運営などには関与させないという態度が貫かれ、PTAは学校に対する発言権をほとんど持たないという構造が維持されてきた。さらに近年の地域主義は、PTAを地域に従属させたうえで地域の発言力を増強し、校長の権限を高める方向に進んでいる。

4　自発的服従と協力

行政は、ネガティブな子ども像をもとに青少年の健全育成を図るという名目を掲げ、ＰＴＡを煩雑な地域組織に関連づけて様々な活動に動員する。役員は多数の会議・会合に出席させられるが、それは自分たちの問題に即した話し合いを持ち、議論や意見形成をおこなうためではない。連絡提携、報告、確認をしあうことによって協調の気風を醸成し、「個人主義」や「個の主張」を抑えるための仕組みである。ＰＴＡは「自主的な任意組織」とされているが、任意加入であることも会員には十分には知らされていない。当然知っているべきことを知らせず、権利の主張をさせないという構造であり、会員は巨大な組織の末端で、瑣末かつ煩雑な活動に従事させられるのである。

ただし、ＰＴＡはあからさまに抑圧する国家の力によって維持されているわけではない。会員間にも権利の主張や行使をためらう、牽制し抑圧しあうなどのインフォーマルな相互統制の姿勢が見られる。また、自発的服従と協力、同調圧力も、組織を維持させる要因になっている。保護者は、子どものために何かしたい気持ち、子どもを「人質」にとられているという意識などを持っている。それが、抵抗をためらわせ、抵抗は不利、無理、無駄、不可能などと思わせる要因としてはたらいている。ＰＴＡは、会員の権利を侵食している国家組織である一方、会員もその維持に加わっている主体だと考えられる。ＰＴＡ反対派、懐疑派、無関心派などの立場にかかわらず、現在のようなＰＴＡを維持している責任は、会員全員にあるとも言えるだろう。

二〇一〇年以降、入退会自由の原則を知らせる動きがあるが、それは不徹底であり、入退会の自由化や加入率低下には向かっていない。周知によって加入率を下げたくないという本音や、会員自身の自発的服従と協力、同調圧力が、ＰＴＡを維持する力学としてはたらいていると思われる。

ＰＴＡ発祥の地アメリカで、ＰＴＡは「市民社会」に属す組織であり、加入率は低い。日本の行政は、ＰＴＡを「自主的な任意組織」としているが、実際には市区町村・都道府県の教育行政が張り付いていて、最終的には国家が統制している。しかし、そうしたあり方を「日本的」なものと考えるべきではない。市民の領域に属すものを国家に取り込み、統制することへの欲望は、必ずしも「日本的」ではないからである。

学校の保護者組織は、必要に応じて保護者が作るべきだろう。すでに構築されている国家組織に組み込まれるのではなく、必要な組織があれば柔軟に作っていくべきである。「ＰＴＡ改革」は、これまで繰り返し言われてきた。しかし、ＰＴＡの枠組みのなかでの改革は、微小なものにとどまって根本的な解決にはならず、結局、現状維持につながる。「子どもの幸せ」や「健全育成」「親睦」などの名目や、加入しないと子どもに不利になるなどの理由をつけて入会を誘い、実際は奉仕と修養を求めるＰＴＡという国家の装置につながれたままでいていいのかを考え、議論し行動していく必要があると思われる。

あとがき

私の母は、一九二七年、東京・神田に生まれた。小学校では朝礼で整列させられたり、校長の訓話を聞かされたり、教育勅語を暗唱させられたり、御真影を拝まされたりするのがいやでたまらなかったという。

女学校に入ったが、勤労奉仕や挺身隊の活動で授業はなくなっていった。女学校のモットーは「怒るな、働け」である。なぎなたや竹槍で敵を攻撃する訓練を受けたという。

赤いハンドバッグを持って外出したかったが、「贅沢は敵」であり、華美なものは禁じられていた。ときどき、地味な風呂敷に赤いハンドバッグを隠して、そっと家を出、裏通りに人通りがないことを確かめて風呂敷から取り出し、一瞬のときめきを味わったという。

家は裕福なラシャ問屋だったが、祖父は愛国者で、多額の献金と金や小判の大量供出によって家計は困窮した。食糧不足で、日々の食べ物にも事欠くようになり、自活を求められて、十六歳のとき、姉一家が住む北京に渡った。電信オペレーターとして働いたが、電気技術者だった義兄は事故死、その数カ月後、日本は降伏した。混乱のなか、母は姉とその乳飲み子、骨壺と一緒に日本に引き揚げた。十八歳と二十五歳、一歳の旅は、過酷なものだっただろう。やっと東京にたどり着くと、神田は焼け野原で、家は跡形もなくなっていた。

父は、山形県鶴岡市出身の文学青年だった。一九四三年に学徒出陣し、千葉などでの訓練を経て満州に送られ、戦った。私には、実際の戦闘に加わったことはない、高射砲の練習をしていた、と語った。しかし、「戦後平和主義」の時代になっても、夜中、満州時代の悪夢にうなされることがあった。庭付き一戸建て住宅に住む普通のサラリーマン家庭だったが、表面下に両親は深い闇を抱えていた。

母は、周期的に激しい怒りの発作を起こし、家族に対して言葉の暴力を振るった。軍国主義的な教育や戦争体験によって、心が歪んでいたと思われる。私は、母とは親しい関係を持つことができなかった。

＊

本書は、二〇〇六年三月、『民俗学における現代文化研究』（［国立歴史民俗博物館研究報告］第百三十二集）、島村恭則／青木隆浩編、人間文化研究機構国立歴史民俗博物館）に掲載された「国家の装置としてのPTA」に加筆したものである。

青弓社の矢野恵二さんに「本にしては？」と声をかけていただき、拙いながら考えをまとめることができた。このような機会を与えていただいたことと適切な助言をいただいたこと、また外国在住のため資料収集の手助けをいただいたことに感謝します。

二〇一六年十月、フィンランドで

［著者略歴］
岩竹美加子（いわたけ・みかこ）
1955年、東京都生まれ
明治大学文学部卒業、ペンシルベニア大学大学院民俗学部博士課程修了。早稲田大学客員准教授、ヘルシンキ大学レンヴァル・インスティチュート研究員、ヘルシンキ大学教授などを経て、現在、ヘルシンキ大学非常勤教授（Dosentti）
共著に『ヨーロッパ人類学――近代再編の現場から』（新曜社）、編訳書に『民俗学の政治性――アメリカ民俗学100年目の省察から』（未来社）、編著書に *New Perspectives from Japan and China*（University of Helsinki）、編書に *Gender, Mobility and Citizenship in Asia*（University of Helsinki）など

PTAという国家装置《こっかそうち》

発行――――2017年4月26日　第1刷
定価――――2000円＋税
著者――――岩竹美加子
発行者――矢野恵二
発行所――株式会社青弓社
〒101-0061 東京都千代田区三崎町3-3-4
電話 03-3265-8548（代）
http://www.seikyusha.co.jp
印刷所――三松堂
製本所――三松堂

ISBN978-4-7872-3414-8 C0036